Dominando a Influência - Segredos Obscuros de Persuasão e Controle Mental

Dominando a Influência - Segredos Obscuros de Persuasão e Controle Mental

Eu J Nayak

Índia
2023

CONTEÚDO

Capítulo 1: História da Manipulação Mental

Capítulo 2: Introdução à Psicologia Negra

Capítulo 3: Por que e como a psicologia negra é usada hoje?

Capítulo 4: Técnicas Utilizadas em Locais Escuros

Capítulo 5: Reconheça a arte da manipulação

Capítulo 6: Compreendendo o mecanismo de manipulação emocional

Capítulo 7: Evite relacionamentos e amizades tóxicas e como evitá-los

Capítulo 8: Técnicas avançadas de persuasão sombria

Capítulo 9: Lavagem Cerebral

Capítulo 10: Métodos que lhe permitirão antecipar as atitudes de outras pessoas

Conclusão

Bônus de Capítulo

Linguagem e pensamento estão inextricavelmente ligados. Platão, um antigo filósofo grego, sugeriu que só experimentamos a realidade através da linguagem; Wilhelm von Humboldt considerava a linguagem a base do pensamento; essas ideias foram formalizadas na hipótese Sapir-Whorf, que afirma que a estrutura de uma língua influencia o modo como os falantes pensam; um exemplo claro é como o número de palavras disponíveis para distinguir cores influencia a forma como os falantes percebem as cores - este conceito de que palavras limitadas limitam e canalizam escolhas cognitivas é algo que manipuladores influentes usam em seu benefício enquanto os conduzem por este caminho de pensamento é crucial e amplamente adotado ao longo do tempo também por filósofos como Humboldt.

Mil novecentos e oitenta e quatro de George Orwell foi um livro influente que destacou órgãos governamentais fascistas que usam estratégias retóricas como parte de seu governo, operando com força manipuladora a par de qualquer narcisista egocêntrico ou sociopata desapaixonado. Este livro continua a ser ensinado nas escolas americanas e um de seus maiores impactos foi revelar como ocorre a manipulação da linguagem; especificamente introduzindo a Novilíngua como a língua preferida do governo. Novilíngua permite que os poderes constituídos alterem conceitos básicos e nossa percepção da realidade, restringindo o uso da linguagem. As pessoas que o utilizam percebem apenas determinados assuntos, negligenciando ou não processando tudo o que possa ser considerado inadequado. Dito de forma simples, a Novilíngua define a realidade para os seus cidadãos restringindo a linguagem. Como extensão, a individualidade torna-se quase impossível quando a linguagem restringe as opções de fala para a auto-expressão - os adjectivos, por exemplo, são simplificados em adjectivos desfavoráveis que impedem os indivíduos de expressar pensamentos matizados sobre qualquer coisa fora do seu âmbito de compreensão e impedem que pensamentos matizados sejam expressos livremente. Isto permite ao governo reformular a realidade tal como é percebida pelos seus súbditos através de definições estreitas que limitam as escolhas disponíveis para a auto-expressão - semelhante à forma como os partidos políticos muitas vezes restringem as opções de discurso, limitando as opções que reformulam a realidade para todos os envolvidos.
Eles usam palavras para criar um pensamento polarizado e adicionar camadas de interpretação às próprias palavras, como chamar encontros sexuais de "crime sexual". No outro lado da moeda estão os campos de trabalhos forçados denominados "campos da alegria", sugerindo qualidades positivas para o que de outra forma deveria ser uma experiência negativa – tudo concebido para garantir a obediência. Esta táctica também se estende aos ramos governamentais nomeados para tais fins: O Ministério

do Amor aplica leis e impõe punições enquanto o Ministério da Paz trava a guerra, enquanto o Ministério da Verdade actua como braço de propaganda para os seus respectivos ramos - dando-lhes credibilidade dentro das suas fileiras.

Existem muitos exemplos de funcionários do governo que utilizam estratégias de reenquadramento em seu benefício. Durante as eleições presidenciais dos EUA de 2016, o candidato Donald Trump ganhou as manchetes quando redefiniu "notícias falsas", uma denominação normalmente aplicada a sites que espalham histórias falsas nas redes sociais, para se referir a fontes de notícias reais. Renomear fontes de notícias reais como notícias falsas certamente tinha conotações de novilíngua. Quando os actores políticos usam frases de efeito ou frases de efeito que glorificam o seu lado ou denigrem outro, as suas tentativas de manipulação retórica estão a empregar técnicas de propaganda numa tentativa de limitar as escolhas cognitivas dentro do seu público e na tentativa de limitar as escolhas cognitivas disponibilizadas pelos membros do seu público.

Para que essas ferramentas podem ser usadas em um relacionamento ou ambiente de trabalho? Já vimos exemplos em nossa série Deus, Diabo e Carisma. As escolhas retóricas podem revelar uma resposta que permanece não dita.

Sociopatas, psicopatas, narcisistas e tipos de personalidade desviantes semelhantes empregam muitas táticas linguísticas para obter vantagem em qualquer negociação que envolvam com as suas vítimas. Eles tentarão confundir, desorientar ou de outra forma frustrar os seus alvos, a fim de exercer controlo sobre eles - uma táctica usada é a manipulação da linguagem - por isso pode valer a pena rever algumas das escolhas de palavras típicas e enquadramentos retóricos destas personalidades manipuladoras da nossa discussão anterior; também nos concentraremos em como essas táticas podem funcionar em situações reais envolvendo vítimas enquanto falamos sobre possíveis estratégias de resolução ao encontrar alguém semelhante que usa manipulação de linguagem contra outra vítima - nos concentraremos em discutir como isso pode ser; geralmente discutiremos até que ponto essas táticas podem funcionar eficazmente contra todas as partes envolvidas;
As técnicas de comunicação frequentemente utilizadas nas relações interpessoais também podem ser aplicadas em situações de negócios.

Comece aqui para entender algumas das frases-chave empregadas pelos sociopatas – aqueles com personalidades emocionalmente desligadas, capazes de buscar desapaixonadamente o interesse próprio em detrimento dos outros, muitas vezes acusando seus oponentes de reagirem exageradamente – ao discutir situações com eles. Sociopatas e psicopatas costumam usar frases como essa para desviar o foco de qualquer problema ou situação e colocar o fardo sobre as próprias vítimas, levando-as a pensar que o que quer que fosse incômodo não era realmente um problema tão grande em primeiro lugar. . Os sociopatas frequentemente empregam essa tática como um meio eficaz de encerrar conversas rapidamente e invalidar os sentimentos de seus alvos. Uma forma alternativa de invalidação envolve dizer à vítima que ela está sendo ridícula; outra forma de rejeição com julgamento mais implícito. Você não está apenas errado ou exagerando; você também está agindo de forma ilógica - muito pode ser dito com apenas algumas palavras!

Os psicopatas empregam táticas semelhantes, com pequenas modificações. Os psicopatas podem acusá-lo de "analisar demais", uma estratégia eficaz usada para desestabilizar situações rapidamente. Os psicóticos muitas vezes tentam confundir seus alvos, sugerindo que eles podem estar enlouquecendo ou malucos. Quando você responde a essas tentativas, elas simplesmente o encerram com uma acusação de análise excessiva - tudo projetado para fazer você questionar se suas suposições estavam realmente certas sobre tudo. Os psicóticos podem se retirar, acusando você de criar "drama". Novamente, essa tática serve para virar o jogo. Mesmo quando seus sentimentos de injustiça são justificados, eles os reformulam como algo fora de sintonia com a realidade e tentam desacreditá-los como parte do argumento. Os psicóticos são especialistas em iluminação a gás – uma técnica cada vez mais prevalente. Ambas as técnicas anteriores abordam esta questão; mas com iluminação a gás total, o psicopata alegará que nunca disse o que você sabe que eles disseram; dado que os psicopatas são capazes de comportamentos complexos, eles poderiam até conseguir isso com mais sucesso do que qualquer um de nós gostaria!
Enganar subtilmente a si próprios e aos outros fazendo-os acreditar nas suas declarações falsas é muitas vezes suficiente para enviar ondas de choque às vítimas, levando-as a duvidar dos seus próprios sentidos e talvez até da sua sanidade.

Os narcisistas usarão frases como "Nunca senti isso antes" para exagerar as conexões entre eles e suas vítimas, mas ao mesmo tempo usarão isso para estabelecer controle futuro e atenção co-dependente por parte deles. Essa tática não apenas faz com que a vítima se sinta bem consigo mesma, mas é apenas um passo em direção a maior controle e co-dependência em relacionamentos futuros. Os narcisistas muitas vezes projetam suas fraquezas nas pessoas mais próximas a eles e usam essa tática quando as coisas não acontecem como querem - neste caso, pode significar acusar seu parceiro de ser paranóico ou controlador. Quando as coisas não correm como planeado, eles usam tais acusações contra o seu parceiro como alavanca contra eles - um exemplo de projecção. Os narcisistas tendem a ser controladores e paranóicos; ao projetar essas qualidades nos outros, eles podem se sentir melhor e, ao mesmo tempo, desestabilizar o parceiro. Outra tática pode ser sugerir que esse manipulador nunca passou por esse problema com mais ninguém; isso ajuda a reformular para que somente você seja responsável.

Em cada um dos exemplos apresentados acima, a reformulação retórica também pode incorporar uma linguagem que serve para empurrar o seu argumento numa direcção ou noutra - palavras como ridículo, paranóico e drama podem ter mais peso do que você imagina. Intelectualmente, você pode saber que isso é falso, mas é difícil combater ser acusado de criar drama quando na verdade você se sente chateado. A extensão destas técnicas a outros cenários deverá revelar-se eficaz. No trabalho, qualquer colega de trabalho ou gestor com queixas legítimas contra um funcionário com um destes desvios de personalidade poderia facilmente ver as suas queixas reformuladas como sendo paranóicas ou microgestão, ou que "tenho feito este trabalho há anos sem ouvir estas queixas antes", insinuando assim que as próprias reclamações podem ser o problema.

Estes são exemplos típicos de como sociopatas, psicopatas e narcisistas usam a linguagem para manipular. Embora as palavras individuais possam diferir dependendo de quem está falando.
Em qualquer situação, estes exemplos revelam como indivíduos poderosos utilizam estratégias baseadas na linguagem para obter vantagem em diversas situações.
A comunicação é uma ferramenta
Como qualquer ferramenta, a comunicação pode ser utilizada para diversos fins. Um martelo tem um uso principal - cravar pregos nas paredes; sua extremidade em forma de garra tem uma função adicional - arrancar pregos. Estas duas funções das ferramentas funcionam de mãos dadas, sendo os projectos de construção muitas vezes o principal objectivo a que se destinam. Um martelo também pode ser usado de forma destrutiva - quebrar janelas ou ser empunhado contra a cabeça de alguém como armas são opções possíveis - embora não seja o que foi originalmente planejado, mas sua função simplesmente mudou dependendo de quem o usa.

Alguns podem perguntar quando a comunicação se transforma em manipulação, como se a comunicação existisse num espectro. Simplesmente não é assim que a comunicação funciona! A comunicação não se transforma automaticamente em manipulação quando alguém vai longe demais em uma direção - em vez disso, a comunicação serve como uma ferramenta que tenta influenciar. Toda comunicação eficaz, especialmente os diálogos formais, depende de ferramentas retóricas. Não importa quantos ou quais você empregue para atingir as metas de comunicação estabelecidas para si mesmo, o uso deles não o colocará no caminho de ser visto como manipulador. A comunicação eficaz para fins positivos ou altruístas é precisamente isso: eficaz. Os gregos compreenderam isto, vendo o argumento eficaz como um indicador da verdade. Se um vendedor ou médico respeitar seus desejos e agir pensando neles, seus argumentos não serão manipulados. Mesmo que eles o convençam a se submeter a uma cirurgia que salva vidas, apesar de seus medos sobre a cirurgia, desde que seus argumentos a favor sejam apresentados honestamente.

Então, se a manipulação não depende de graus, quando é que a comunicação se transforma em manipulação? A resposta está na motivação - comparada ao uso de um martelo como exemplo: uma vez usado com qualquer outra intenção em mente, torna-se uma ferramenta ou arma ofensiva. A comunicação funciona de forma semelhante. A manipulação não ocorre em algum limiar das técnicas utilizadas ou da eficácia do seu uso; em vez disso, a manipulação ocorre quando é utilizada injustamente para enganar ou promover uma agenda que compromete o seu alvo de comunicação. Assim como a comunicação pode ser eficaz e ineficaz, a manipulação também pode. Alguns indivíduos são simplesmente ineficazes nisso, enquanto certos públicos se tornaram hábeis em reconhecê-lo. Se alguém se aproximar de você na rua tentando manipular e não conseguir convencê-lo do contrário, simplesmente evite-o indo embora; isso significa que eles não estavam tentando? Não! O que o vigarista estava fazendo não era uma comunicação direta ou uma persuasão honesta - em vez disso, ele tentou manipular, mas falhou miseravelmente. Às vezes, usar técnicas idênticas de persuasão ou manipulação requer apenas a mudança de uma variável: o motivo do falante. Noutros casos, as próprias técnicas podem ser inerentemente manipulativas; como aqueles que discutimos na última seção. Qualquer forma de engano ou manipulação é inerentemente manipuladora. Mesmo que as suas intenções fossem boas, mesmo com táticas justas e eficazes, você ainda estaria envolvido em manipulação em algum nível. Às vezes você pode realmente ter algum tipo de resultado positivo em mente; entretanto, sua disposição de mentir revela um motivo oculto. A disposição de enganar é, em si, um motivo oculto. Isto pode tornar-se complexo, por isso vamos manter isto simples: quando o seu motivo para o resultado e as tácticas são positivos e justos, podemos classificar a sua comunicação como persuasão. Sempre que o seu desejo é prejudicar ou avançar acima do seu alvo, enganar ou ser injusto com as comunicações de qualquer forma, ou agir de forma injusta com as comunicações, isso atinge um limite que pode ser definido como manipulação.

Antes de discutir como funciona a psicologia obscura e seus métodos contra você, é essencial que primeiro entendamos exatamente o que essa forma de psicologia envolve. A psicologia, ou a compreensão de como funciona a mente humana, desempenha um papel essencial na vida quotidiana - desde a publicidade e as finanças, o crime e a religião, até mesmo o ódio ao amor; demonstrando assim por que a compreensão de seus princípios detém tanto poder sobre a influência humana.

A psicologia pode ser uma tarefa árdua, o que explica por que a maioria das pessoas não possui essa habilidade. Não é necessário aprender todos os diferentes princípios - basta começar com essas lições para obter uma base sólida sobre a qual construir. Ler as pessoas com precisão, compreender o que as motiva e suas reações de maneiras inesperadas é fundamental. Mesmo assim, pode ser necessário assistir a aulas e ler inúmeros livros para obter uma compreensão completa - dependendo de quão longe se estende a sua compreensão.

Então, por que compreender a psicologia e a psicologia humana é tão essencial? Porque quem sabe mais pode usar esse poder contra você.

Como a psicologia negra é usada hoje?

Embora alguns possam usar táticas de psicologia obscura com a intenção de prejudicar suas vítimas, outros podem usar essas estratégias sem manipular ninguém de forma negativa. Algumas dessas estratégias foram popularizadas pela primeira vez durante a Primeira Guerra Mundial.
Inconscientemente ou intencionalmente, a nossa caixa de ferramentas expandiu-se através de vários meios, tais como:

* Quando criança, você provavelmente observou como os adultos se comportavam, principalmente as pessoas próximas a você.

* Quando adolescente, sua mente se expandiu em termos de compreensão dos comportamentos ao seu redor.

* Você foi capaz de observar outras pessoas utilizando e aplicando táticas específicas com sucesso.

* No início, o uso de táticas pode ter sido acidental; mas assim que começassem a trabalhar para atingir os objetivos desejados, passariam a fazer parte da sua estratégia intencional.

* Políticos, oradores e vendedores podem ter sido treinados nessas táticas para atingir os objetivos desejados.

Táticas de psicologia sombria empregadas diariamente

* Inundação de amor: Inundação de amor refere-se a qualquer forma de persuadir as pessoas a atender a um pedido que você deseja. Por exemplo, se você precisar da ajuda de alguém para levar alguns itens para sua casa, uma inundação de amor pode fazer com que essa pessoa se sinta bem em ajudar - aumentando as chances de que ela cumpra. Manipuladores sombrios podem usar a inundação de amor dessa forma para fazê-los se sentir apegados ou realizar ações que normalmente não fariam.

* Mentir: Mentir pode se referir a fornecer à sua vítima versões falsas ou embelezadas de eventos, em um esforço para conseguir o que deseja. Mentir pode envolver dizer apenas parte da verdade ou fazer afirmações exageradas para alcançar os resultados desejados.

* Negação de amor: Uma forma de manipulação que pode fazer com que a vítima se sinta perdida e abandonada pelo manipulador, é reter afeto ou amor até que você possa obter deles os resultados desejados.

* Retirada: Quando isso ocorre, a vítima recebe tratamento silencioso ou é evitada até atender às necessidades de outra pessoa.

* Limitar escolhas: Um manipulador pode conceder à sua vítima acesso a algumas escolhas, a fim de distraí-la de fazer aquelas que não deseja.

* Manipulação Semântica: Nesta tática, um manipulador usa palavras com definições comumente compreendidas para confundir sua vítima durante a conversa e depois revelar que quis dizer algo diferente quando usou aquela palavra; muitas vezes isso altera toda a sua definição e pode fazer com que a conversa desejada progrida, mesmo que a vítima possa ter sido enganada.

* Psicologia reversa: A psicologia reversa ocorre quando você manipula alguém para realizar uma ação apenas para que ele aja de outra maneira, sabendo muito bem que era isso que o manipulador queria o tempo todo.

Quem empregará intencionalmente táticas obscuras?

Muitas pessoas diferentes podem utilizar táticas de psicologia obscura contra você, o que pode incluir táticas como as encontradas aqui. Como essas pessoas podem tentar usar essas táticas obscuras contra você, é crucial que você aprenda a reconhecer suas abordagens e a ficar longe delas. As fontes potenciais incluem:

Narcisistas: Indivíduos que possuem um senso exagerado de seu próprio valor muitas vezes querem que os outros acreditem que eles também são superiores. Para satisfazer esse desejo, eles podem usar técnicas de persuasão e psicologia sombria para obter o que consideram uma admiração reverente de todos com quem entram em contato.
* Sociopatas: Os sociopatas possuem um arsenal impressionante de características charmosas, inteligentes e persuasivas; no entanto, só agem dessa forma quando necessário para conseguir o que desejam. Associativismo significa que eles não têm emoções para sentir qualquer culpa por usarem técnicas de psicologia obscura para ganho pessoal - incluindo a criação de relacionamentos superficiais conforme necessário.

* Políticos: Os políticos podem utilizar a psicologia obscura para influenciar os eleitores a apoiá-los, convencendo-os de que o seu ponto de vista é o correto.

* Vendedores: Nem todos os vendedores usam táticas dissimuladas contra você; no entanto, aqueles que se dedicam a atingir os seus números de vendas podem usar a persuasão obscura para manipular as pessoas e aumentar os lucros.

* Líderes: As técnicas de psicologia negra têm sido empregadas há muito tempo pelos líderes, a fim de manipular os membros da equipe, subordinados e cidadãos para que cumpram sua vontade.

* Pessoas egoístas: Pessoas egoístas podem ser definidas como qualquer indivíduo que prioriza suas próprias necessidades antes das necessidades de qualquer outra pessoa, sem se preocupar se isso afetará de alguma forma as pessoas ao seu redor. Eles não se preocuparão em dar crédito aos outros onde o crédito é devido, para que eles próprios possam se beneficiar; contanto que esta situação funcione a seu favor, não importa quem sai perdendo, mas se alguém acabar sendo afetado negativamente, provavelmente será ele mesmo, e não outra pessoa.

Esta lista tem duas funções importantes. Primeiro, ajudará a aumentar a sua consciência sobre aqueles que podem tentar manipulá-lo para fazer coisas que você não quer, ao mesmo tempo que pode ajudar na auto-realização, mantendo-se atento às pessoas que procuram ganhar algo com você.

Um dos principais objetivos deste livro é equipá-lo contra a psicologia sombria e ajudar a se proteger.

Manipulação mental é um termo frequentemente ouvido nas redes sociais e nas principais plataformas de comunicação, muitas vezes em relação a grandes eventos públicos, campanhas políticas ou estratégias publicitárias. A maioria das pessoas entende a que se refere "manipulação mental", mas pode não ter um conhecimento profundo de sua definição e escopo.

A manipulação mental envolve moldar e manipular os pensamentos de outra pessoa para influenciá-la a fazer o que você deseja. Um manipulador influencia outras pessoas por meios enganosos ou antiéticos.

A manipulação geralmente implica algum grau de força sobre os seus alvos; isto é, os manipuladores tentarão coagir os seus alvos a fazerem o que desejam, apesar da oposição dos próprios alvos.

Agora, quando falo sobre lavagem cerebral nas pessoas, como nos filmes, não me refiro ao uso de técnicas de sequestro e lavagem cerebral, como muitas vezes é retratado. O que estou discutindo são técnicas e estratégias sutis usadas para convencer os outros de uma coisa sem que eles percebam que estão sendo controlados.

Na verdade, os mestres da manipulação fazem parecer que as pessoas agem por conta própria, e não devido a provocações externas. Ainda assim, existe alguma força envolvida na manipulação - por exemplo, as estações de televisão obrigam-no a ver a sua programação e publicidade, a fim de o encorajar a comprar produtos ou serviços de patrocinadores.

No entanto, neste caso, a coerção pode ser facilmente evitada:

Basta mudar de canal. No entanto, a programação e a publicidade são projetadas para que você não queira.

Outras formas de manipulação podem ser muito mais diretas. Os partidos políticos e os candidatos muitas vezes promovem-se com apelos à acção, tais como "vote no melhor candidato" e "vote em fulano de tal se valoriza o seu futuro". Tais tentativas abertas de persuasão são vistas frequentemente em anúncios de campanhas políticas.

É por isso que a primeira parte deste livro se concentra na compreensão e no reconhecimento de formas comuns de manipulação. Não me refiro a algum tipo de conspiração secreta que tenta controlar as mentes humanas em todo o planeta; em vez disso, indivíduos treinados podem tentar influenciar suas opiniões para que você apoie sua agenda.

Depois de compreender suas técnicas, você não apenas poderá proteger a si mesmo e a seus entes queridos de influências externas, mas também poderá promover sua agenda com sucesso. Embora eu não esteja incentivando ninguém a ir lá e influenciar as pessoas com quem eles entram em contato diretamente usando essas técnicas; em vez disso, use essas táticas quando necessário para obter a vantagem necessária na vida.

Relaxar; estamos prestes a embarcar em uma aventura extraordinária. Então sente-se e faça a viagem.

Embora muitos indivíduos usem táticas de psicologia obscura com intenções maliciosas, você também pode usá-las sem prejudicar ninguém. Algumas dessas técnicas foram adicionadas inadvertidamente ou intencionalmente à nossa caixa de ferramentas devido a várias circunstâncias que incluem:

Quando criança, você observaria o comportamento dos adultos ao seu redor e como eles interagiam.

* Quando adolescente, sua mente e sua capacidade de compreender os comportamentos ao seu redor foram consideravelmente aguçadas.

* Você foi capaz de observar o uso de outras pessoas e implementar táticas específicas com sucesso.

* No início, o uso de certas táticas pode ter sido involuntário. Mas uma vez que eles provaram seu valor para conseguir o que você deseja, eles podem se tornar ferramentas intencionais de seu comércio.

* Políticos, oradores ou vendedores muitas vezes aprendem técnicas como essas para atingir os objetivos desejados.

Táticas de psicologia sombria que podem ser empregadas regularmente

* Inundação de amor: A inundação de amor envolve o uso de bajulação para persuadir os outros a atender ao seu pedido. Por exemplo, se você deseja que outra pessoa ajude a transportar itens para sua casa, usar a inundação de amor pode aumentar a probabilidade de fazê-lo e tornar seu trabalho mais fácil. Um manipulador sombrio pode usar a inundação de amor dessa maneira para obter vantagem contra seu alvo. Faça-os sentir-se próximos e, em seguida, convença-os a fazer coisas que, de outra forma, evitariam fazer.

* Mentir: Mentir é fornecer a outra pessoa informações falsas ou embelezadas para realizar o que você deseja, como dizer uma verdade parcial ou exageros com o objetivo de conseguir o que deseja.

* Negação do amor: A negação do amor pode ser devastadora para suas vítimas, pois faz com que se sintam abandonadas pelo manipulador. Essencialmente, isso envolve reter afeto e amor até que você consiga o que deseja com eles.

* Retraimento: Quando essa tática é aplicada a alguém, ele pode receber tratamento silencioso ou ser evitado até que suas necessidades sejam atendidas por terceiros.

* Restringindo escolhas: os manipuladores podem fornecer algumas escolhas às suas vítimas, a fim de distraí-las de fazer escolhas que não aprovam.

* Manipulação Semântica: Esta tática utiliza palavras que possuem definições amplamente aceitas entre as partes da conversa; mais tarde, informe à vítima que eles queriam dizer algo diferente ao usar a palavra dita na conversa. Mudar sua definição muitas vezes muda o diálogo da maneira que o manipulador pretende, apesar de enganar alguém para que ceda à sua vontade.

* Psicologia reversa: quando alguém é instruído a agir de uma maneira, com a expectativa de que na verdade responderá de maneira diferente, apenas para que tudo saia de maneira diferente do pretendido pelo manipulador. Em essência, a psicologia reversa funciona exatamente como o seu nome indica: fazer com que as pessoas se comportem da maneira que o manipulador deseja.

Quem vai empregar táticas sombrias deliberadamente?

Pode haver muitas pessoas por aí usando chantagem contra você e isso pode surgir em vários aspectos da sua vida, tornando sua presença extremamente perigosa. Aprender como evitar táticas de psicologia obscura é fundamental, e alguns exemplos de indivíduos que usam tais estratégias incluem:

*Narcisistas: Esses indivíduos geralmente possuem visões inflacionadas de si mesmos e precisam convencer os outros dessa realidade. Para satisfazer seu desejo de serem adorados e reverenciados por todos que encontram, esses narcisistas recorrem à persuasão e a técnicas de psicologia sombria para atingir esse objetivo final.

* Sociopatas: Os sociopatas têm um ar de charme, inteligência e persuasão - mas apenas para conseguir o que desejam. Como lhes falta qualquer emoção ou remorso pelo que fazem, usar técnicas de psicologia obscura – incluindo relacionamentos superficiais – para alcançar o que desejam não é um problema para eles.

* Políticos: Utilizando a psicologia obscura, os políticos poderiam convencer os eleitores a votar neles, convencendo-os da superioridade do seu ponto de vista.

* Vendedores: Nem todos os vendedores usam táticas dissimuladas contra você, mas aqueles focados em atingir seus números de vendas podem usar técnicas de persuasão para manipular os outros e obter resultados mais rapidamente.

* Líderes: As técnicas de psicologia negra têm sido empregadas há muito tempo pelos líderes, a fim de influenciar os membros da equipe, subordinados e cidadãos a fazerem o que desejam.

* Pessoas egoístas: Indivíduos egoístas incluem qualquer pessoa que coloca suas próprias necessidades à frente das dos outros. Estas pessoas normalmente não se incomodam com quem se beneficia em qualquer situação, desde que isso beneficie principalmente a si mesmas - se isso significa que outros recebem menos, tudo bem - mas sempre que uma das partes perde, provavelmente será ela e não a outra.
Esta lista tem duas funções. Primeiro, ajudará a torná-lo mais consciente daqueles que tentam manipulá-lo para fazer coisas que você não quer; em segundo lugar, pode ajudar na auto-realização. Um dos principais objetivos deste livro é que você reconheça aqueles que buscam algo de você sem considerar quaisquer repercussões negativas; dessa forma, você pode se proteger contra a psicologia sombria.

Quem controla as nossas vidas É interessante observar a longa história de manipulação na sociedade. Saber mais sobre persuasão permitirá que você esteja mais bem equipado para lidar com ela.

Este capítulo nos dará um breve vislumbre da manipulação aplicada à vida e ao comércio. Ao compreender onde pode existir manipulação e quem tenta manipulá-lo, teremos uma ideia da sua prevalência nas nossas vidas diárias e identificaremos aqueles que tentam nos manipular. Nem todo mundo que manipula é necessariamente malicioso - às vezes as pessoas podem agir de forma contrária a quem realmente são ou até mesmo sem perceberem! As empresas comerciais utilizam técnicas de persuasão para encorajar os clientes a comprarem os seus produtos e serviços - reconhecer tais tácticas irá ajudar-nos a lidar com tais tácticas com maior sucesso!

Como indivíduos, gostamos de acreditar que fazemos escolhas responsáveis na vida. Infelizmente, nem sempre temos controle total - especialmente quando somos crianças influenciadas pelos pais, sem nenhuma palavra direta sobre nossa educação. Assim que entramos no sistema educacional, somos ainda mais manipulados. Os professores fornecem instruções sobre normas sociais e expectativas sobre nós na sociedade; mais tarde, quando adultos, podemos até tornar-nos suscetíveis à manipulação por parte de políticos que esperam ganhar votos para as suas causas. Muitos são persuadidos a votar em determinados partidos com base no que prometem para o futuro, mesmo que não apoiem todas as suas políticas. Isto dá aos políticos poder sobre as nossas vidas – estamos realmente no comando ou estamos simplesmente a ser persuadidos?

Mais adiante neste livro, examinaremos diversas táticas de manipulação, tanto encobertas quanto evidentes. Em primeiro lugar, você precisa reconhecer quando está sendo manipulado para poder neutralizá-lo; especialistas forneceram suas perspectivas sobre esse tipo de comportamento entre nós.

Reconhecendo a Arte da Manipulação

Onde devemos ser cautelosos em nossas vidas diárias?

Linguagem persuasiva Suas imagens contam mil histórias; as palavras têm uma influência ainda mais forte na inspiração, às vezes ao ponto da manipulação. Você já foi inspirado por um orador cujo discurso dramático o motiva a agir? E as palavras nos influenciam mesmo quando perdidas completamente num grande livro; as palavras têm um poder que nos obriga a acreditar em algo mesmo quando nossos sentidos nos dizem o contrário! A comunicação pode ser usada eficazmente como uma força poderosa para convencer as pessoas a fazerem coisas que de outra forma não fariam.

* Anunciantes e vendedores empregam linguagem para nos convencer de que seus produtos são exatamente o que precisamos - por exemplo, usando palavras como:

Acessível; Conveniente; Agradável; Economia de tempo e garantia de satisfação.

Observe como todas essas palavras nos fazem acreditar que eles confiam em seu produto ou serviço.

Os políticos freqüentemente empregam linguagem como:

"Nós" - para convidá-lo para o mundo deles.

Sinta-se parte da nossa equipe

Estas estratégias de comunicação visam fazer com que nos sintamos incluídos e, portanto, importantes.

Os agressores usam palavras e comportamento agressivo para atingir seus próprios objetivos pessoais.

Predadores criminosos como psicopatas, sociopatas e narcisistas usam linguagem persuasiva como forma de controle sobre outro indivíduo. Existem seis teorias sobre manipulação psicológica; 1 teoria do viés cognitivo foi examinada aqui como uma forma potencial.

Existem vários processos psicológicos e teorias sobre persuasão que se tornaram amplamente reconhecidos, sendo um deles o Modelo de Resposta Cognitiva de Anthony Greenwald de 1968, que ainda hoje prova seu valor na determinação de fatores de persuasão, além de ser amplamente utilizado na publicidade.

Greenwald propõe que o que determina o sucesso da persuasão não está nas palavras, mas mais nos sentimentos; as emoções desempenharão um papel maior do que as palavras na facilidade com que somos persuadidos.

Os pensamentos internos incluirão aspectos positivos e negativos, dependendo da personalidade do indivíduo. Este não é um processo de aprendizagem, mas mais sobre se alguém já vê uma mensagem com cognições (cognições) favoráveis ou desfavoráveis.

Os persuasores devem confiar na sua experiência para abordar eficazmente os contra-argumentos e impedir que o seu alvo tenha tempo suficiente para desenvolver qualquer um deles. Além disso, o persuasor deve encorajar o surgimento de argumentos positivos mais rapidamente, de modo a aumentar a sua taxa de sucesso - isto aumenta o "efeito de persuasão".

A persuasão torna-se mais desafiadora se o alvo tiver sido avisado antecipadamente sobre o que você pretende dizer; isso permite que eles desenvolvam contra-argumentos se a sua "mensagem" for contra o que eles acreditam atualmente. Uma pesquisa conduzida por Richard E. Petty em 1977 comprovou este ponto: mostrou que os alunos que foram avisados sobre um evento tinham menos probabilidade de serem convencidos do que aqueles que não foram avisados previamente.
2 Reciprocidade
Uma teoria bem pesquisada para ajudar a explicar a nossa susceptibilidade à persuasão reside na Regra da Reciprocidade, baseada em convenções sociais. Se alguém lhe faz um favor ou faz algo de bom para você, é mais provável que você se sinta obrigado a retribuir, devolvendo o favor de alguma forma.

Subconscientemente, a reciprocidade também pode entrar em jogo. Sem perceber, você pode concordar em realizar favores solicitados por alguém porque em algum momento essa pessoa fez algo por você e se sentiu obrigado; mesmo que o pedido deles normalmente faça você dizer não.

As empresas costumam confiar nessa tática ao tentar aumentar as vendas. Ao oferecer amostras grátis ou testes por tempo limitado, as empresas esperam que os clientes se sintam obrigados a retribuir o favor e comprar ou renovar um contrato.

A reciprocidade é um processo psicológico bem estabelecido. É um comportamento adaptativo que teria aumentado as nossas hipóteses de sobrevivência no passado; ao ajudar os outros, você aumenta as chances de que um dia eles o ajudem. Mas a reciprocidade também pode ter as suas desvantagens: quando alguém nos prejudica, o nosso instinto de vingança também pode nos impulsionar.

A pesquisa acadêmica apoia fortemente a Regra da Reciprocidade. Burger et al (2009) conduziram uma pesquisa que demonstrou como os participantes são mais propensos a concordar com os pedidos quando o solicitante lhes fez um favor no passado.

Métodos de manipulação de informações 3

A decepção é uma das principais ferramentas na caixa de ferramentas de qualquer manipulador. Envolve fornecer informações incompletas ou enganosas à vítima, a fim de desequilibrar a sua forma de pensar e deixá-la vulnerável. A manipulação também inclui o uso de linguagem corporal intencional como persuasor e manipulador.
A teoria de McCornack enumera quatro máximas que definem declarações verdadeiras; qualquer desvio destes tornará a mensagem intencionalmente enganosa. Essas máximas incluem:

Quantidade
Quantidade refere-se à "quantidade" de informações apresentadas. A maioria de nós se esforça para apresentar dados suficientes para que o destinatário compreenda totalmente nossa mensagem, sem fornecer muito ou pouco; muito pouco pode causar confusão; demais pode sobrecarregar. Um manipulador, no entanto, brincaria com essa quantidade, deixando de fora certas peças que considera irrelevantes, se isso fosse susceptível de funcionar contra o seu argumento e esta prática é conhecida como "mentir por omissão".

Qualidade refere-se à precisão das informações fornecidas. Alcançar uma comunicação verdadeira é considerado de alta qualidade; caso contrário, os receptores ouviriam mentiras intencionais - ou mentiras descaradas - destinadas a obter o poder do manipulador.

Relação
Aqui discutimos a "relevância" da informação para a mensagem. Para contornar uma questão embaraçosa ou obscurecer as suas próprias fraquezas, os manipuladores

muitas vezes alteram o assunto com tópicos enganosos, a fim de desviar ou desviar a atenção do que realmente precisa ser discutido; ou enfatizar demais algo que lhes dará maior poder sobre os ouvintes.

Maneira Maneira de comunicar uma mensagem. Um componente integral é a linguagem corporal: lemos inflexões e expressões faciais ao ouvir, que podem ser exageradas para induzir em erro a apresentação da sua mensagem, com o objetivo de enfatizar a sua agenda.
Mentir para manipular ou persuadir alguém não é novidade; no entanto, o seu poder só se tornou mais poderoso no ambiente globalizado de hoje. As plataformas de comunicação nas redes sociais nem sempre envolvem contacto direto entre dois indivíduos, tornando mais fácil para os manipuladores deturparem informações ou fabricarem falsidades nessas formas de correspondência.

Nem toda manipulação é necessariamente negativa; às vezes precisamos de ajuda para tomar boas decisões por nós mesmos e é aqui que a Teoria do Nudge se torna útil; seu sistema de reforço positivo depende de pequenos estímulos para a mudança.

Os estudos de Skinner, ou behaviorismo, ilustram quão útil esta teoria pode ser. Ao oferecer recompensas como reforço positivo, o behaviorismo pode motivar os indivíduos a agir de acordo com o que você deseja.

O incentivo pode ser visto neste exemplo de como os clientes receberam um incentivo adicional para comprar o segundo item com preço mais alto - tudo para o benefício do dono do restaurante! Os clientes receberam esse impulso extra.

A Teoria Nudge pode ser uma estratégia económica extremamente eficaz. Mas a sua aplicação estende-se muito além da economia para encorajar mudanças comportamentais e moldar escolhas pessoais - até mesmo normas sociais aceites podem ser alteradas através desta técnica.

O Nudging foi uma estratégia tão eficaz que o governo britânico criou uma Equipa de Insights Comportamentais do Departamento em 2010, a fim de ajudar a desenvolver políticas, que era vulgarmente conhecida como Unidade Nudge.

Embora o emprego de "empurrões" possa ter algumas vantagens óbvias, o uso da manipulação psicológica pode violar as liberdades civis de um indivíduo.

5 estratégias de manipulação social
A manipulação psicológica é uma forma de manipulação frequentemente utilizada por políticos ou pessoas poderosas para promover os seus próprios interesses. Na pior das

hipóteses, a manipulação psicológica serve como uma forma de controlo social - eliminando a individualidade e ao mesmo tempo forçando a população a aceitar o que lhe é dado - embora as suas aplicações positivas incluam a melhoria da saúde e do bem-estar, por exemplo.

Quem está no poder e usa a manipulação social pode empregar técnicas de distração para desviar questões importantes. Eles argumentariam que as suas propostas são concebidas para beneficiar não apenas a si próprios, mas à sua família como um todo e ao seu futuro; quaisquer diferenças em relação a eles seriam vistas como erradas e egoístas – este tipo de persuasão trata os indivíduos quase como crianças; seu objetivo é fazer com que todos acreditem que tudo que está errado é inteiramente de sua responsabilidade, enquanto a única solução está em ouvir as orientações de especialistas que sabem mais.

Tal estratégia política envolveria chamar a atenção para um problema social e encobrir outros. Esta tática visa causar agitação social e pânico entre a população; ao criar desconforto na sociedade, as pessoas começarão a exigir mudanças para melhorias. Assim, numa tentativa de esconder os seus problemas com os cuidados de saúde, um departamento poderia diminuir o seu orçamento para a prevenção da criminalidade, fazendo com que as estatísticas da criminalidade disparassem e alimentando informações destinadas a convencer os cidadãos de que sabem melhor como resolver questões criminais. Os políticos alimentam a propaganda divulgando as suas próprias verdades e factos – estes podem ou não ser sempre exactos; por vezes, mesmo informações exageradas, como estatísticas, podem ser mal utilizadas para alcançar os efeitos desejados. A manipulação social leva anos até que os resultados desejados possam ser alcançados.

A manipulação psicológica faz parte da influência social, tornando todos nós, até certo ponto, fantoches sociais. A maioria de nós emprega manipulação psicológica sem sequer perceber!

Tal como esperado pela sociedade, é nossa responsabilidade conformar-nos e respeitar os seus padrões, a fim de evitar desordem discordante na sociedade. Considere por um momento qual gadget ou produto de reforma você mais gostaria de comprar: é algo recomendado por um amigo, vizinho ou apresentado on-line que faz você desejá-lo mais? A manipulação social também funciona desta forma: podemos facilmente ser persuadidos por outros quando a nossa guarda está baixa; se isso será visto como bom ou ruim depende inteiramente da perspectiva individual.

Conforme discutido anteriormente, nem toda manipulação social é ruim; na verdade, pode até ter resultados positivos. Embora o termo "manipulação" possa evocar imagens de pessoas sem escrúpulos subjugando as pessoas à sua vontade, quando usado adequadamente pode ajudar a sociedade como um todo. Um bom exemplo de manipulação social seria os especialistas em saúde encorajarem-nos a comer mais frutas e vegetais (as "campanhas 5 por dia") ou as campanhas para parar de fumar, o que resultou na redução do número de fumadores, bem como na menor incidência de doenças relacionadas com o tabagismo; tais táticas constituem formas eficazes de coerção no seu melhor!

6 Iluminação a gás
Gaslighting pode ser a forma mais cruel de manipulação. É uma tentativa de lançar dúvidas sobre a sanidade e a auto-estima de uma pessoa, plantando nela sementes de dúvida - muitas vezes usando mentiras repetidas como isca até que eventualmente você passe a acreditar nelas como verdades.

Gaslighting é uma forma desumana de manipulação em que uma pessoa faz com que outra duvide de si mesma e perca toda a confiança em si mesma, levando ao colapso psicológico completo e à subjugação por uma presença adversária. Os Gaslighters minam constantemente seus alvos, contradizendo-os ou sugerindo que eles sempre erram, às vezes ao ponto de acusá-los de contarem mentiras - uma ação destinada a reduzir a autoestima antes de serem completamente subsumidos ao controle dominador de estranhos que assumem o controle, tornando-se próprios opressores. Quando isso ocorre, eles ficam sujeitos à presença dominadora do seu opressor – que se torna subserviente antes de finalmente sucumbir sob a influência dominadora de fontes externas. Gaslighters buscam poder sobre eles em troca e acabam se tornando vítimas de seu mestre dominador.
A manipulação de influenciadores é uma forma de abuso mental frequentemente vista em relacionamentos pessoais abusivos. Um influenciador usará diversas técnicas para fazer com que sua vítima duvide de si mesma – a ponto de questionar suas memórias, negando eventos passados que aconteceram entre ela e ela.

Gaslighting leva tempo e esforço para se tornar totalmente eficaz. Um manipulador desgastará sua vítima por um longo período, fazendo com que ela duvide de sua própria sanidade.

Dr. George Simon PhD é psicólogo clínico pela Universidade do Texas. Nos seus estudos sobre pessoas com personalidades perturbadoras, especialmente psicopatas, as suas descobertas levaram-no a concluir que certos tipos de personalidade eram muito adeptos da manipulação; usando mentiras e linguagem agressiva, eles conseguiram colocar dúvidas nas mentes de suas vítimas até que, eventualmente, seu alvo perdeu a fé em si mesmo e acreditou no que o manipulador disse, acabando por cair sob o controle dele ou dela.

Capítulo 4: Técnicas Utilizadas em Locais Escuros

Segredos da Psicologia
A maioria das técnicas psicológicas atendem a aplicações da psicologia negra e branca; sua utilidade depende da intenção daqueles que os empregam.

Neste capítulo, examinaremos várias técnicas psicológicas usadas para fins ilícitos.
Persuasão Negra
A persuasão é de longe a técnica psicológica mais frequentemente empregada, frequentemente utilizada na psicologia branca; quase todos nós utilizamos a persuasão como parte dessa disciplina em algum momento ou outro; no entanto, apenas alguns empregaram a persuasão como uma forma eficaz de manipulação da psicologia obscura.

Antes de nos aprofundarmos na persuasão das Trevas, vamos primeiro considerar seus componentes principais.

O que é persuasão? mes Persuasão é a prática psicológica de usar argumentos persuasivos de forma a motivar, influenciar ou mudar as atitudes ou comportamento de um indivíduo, a fim de alcançar os resultados desejados.

Dicas de persuasão Aqui estão várias estratégias de persuasão essenciais que você deve dominar para se tornar persuasivo com sucesso:

Pesquise para obter aconselhamento especializado

Seja um líder inovador - para orientar os outros em seus pensamentos e liderar pelo exemplo.

Seja confiante, usando declarações declarativas e assertividade:

Reduzindo o sarcasmo tanto quanto possível.

Parecer razoável e monitorar reações em resposta a respostas sutis; ouvir ativamente e sugerir em vez de exigir; observar ativamente; seja emocionalmente inteligente

Táticas de Persuasão
Aqui estão várias táticas de persuasão básicas, mas importantes:

Use o nome da pessoa com quem você está interagindo.

Conecte-se pessoalmente e estabeleça relacionamento.

Desenvolva relacionamentos e abra portas para a reciprocidade

Use palavras motivadoras Seja flexível e adaptável – adapte-se para atender cada alvo individualmente (sem abordagem geral). Utilize a técnica de espelhamento e correspondência da PNL.

Use o efeito Bandwagon a seu favor

Crie alguma incerteza entre aqueles que você está persuadindo, criando uma sensação de escassez de atenção deles.

Crie suspense através de lacunas deliberadas (lacunas de informação).

Aplique a estratégia "pé na porta" – faça um pequeno pedido que abre mais portas para pedidos maiores posteriores.

Ressaltar o valor de sua proposta para aqueles que você está tentando persuadir é fundamental ao tentar persuadi-los de seu valor, já que cada pessoa se pergunta subconscientemente: "o que isso traz para mim?"

mes O Efeito Bandwagon
O efeito movimento pode ser descrito como o impacto coletivo que grupos de pessoas podem ter sobre membros individuais dessa multidão ou grupo de pessoas.

Abaixo estão algumas características principais do efeito movimento:

Mentalidade de rebanho - as pessoas tendem a se conformar quando persuadidas de que seguir os outros levará ao sucesso. Prova Social - as pessoas tendem a seguir o que parece ser a causa mais popular

Desprezar a prova social negativa (como lixo, exploração madeireira, mau comportamento sexual, consumo excessivo de álcool e fumo) pode, na verdade, promovê-la. Por exemplo, criticar um aumento no absentismo de 15% para 20% também deveria reforçar a prova social positiva, observando a maioria dos funcionários (80%+) que não faltaram ao trabalho e discutindo as poucas maçãs estragadas que permanecem ausentes como sendo insignificantes em comparação com o que deve ser enfatizado e reduzido ainda mais.

Decepção

O engano pode ser definido como qualquer ato que procure ocultar, deturpar ou promover algo falso, a fim de encobrir, desacreditar ou promover uma opinião com a intenção de convencer outro indivíduo a agir de acordo com objetivos ou expectativas predefinidas.

O engano envolve a manipulação das aparências para transmitir uma representação imprecisa da realidade.

A essência da decepção reside na ocultação. As técnicas de engano comuns incluem:

A propaganda envolve a divulgação de informações falsas como verdades ou fatos, enquanto a camuflagem disfarça a verdadeira natureza das coisas; um exemplo pode ser usar trabalhos de caridade como cobertura para se infiltrar em uma área.

A pretensão refere-se a assumir um alter ego; por exemplo, fingir inocência quando se é culpado, agir como doente quando se sente perfeitamente saudável, fingir tristeza quando na verdade está comemorando algo importante, etc.

Mistificação - Crie uma aura do sobrenatural retendo informações ou agindo de maneira que pareça sobrenatural, tornando-se atraente para aqueles que têm tendência a crenças.

Paltering: Conjuradores, mágicos e atores muitas vezes empregam essa tática para desviar a atenção das pessoas de si mesmas e para você, desviando-a a seu favor para atingir objetivos pessoais. Essa tática também funciona bem quando se tenta obter resultados por meio de apresentações públicas, como concertos.

Tipos de engano

O engano assume duas formas principais.

Mentiras por comissão (dissimulação) – são formas ativas de engano. Uma pessoa que mente por comissão engana diretamente ou mente diretamente, alterando fatos materiais deliberadamente em seu benefício.

Simulação ou Omissão (Mentira por Omissão) - Mentiras de simulação são formas indiretas de engano em que alguém que pratica o engano não altera diretamente os fatos materiais; em vez disso, escondem aqueles que teriam mudado a tomada de decisões daqueles que foram enganados.

Dupéry

Dupery, como qualquer ato de engano, vai além para obter ganhos pessoais das vítimas. Dupery envolve armar armadilhas ou iscas que prendem as vítimas antes de explorá-las para ganho pessoal ou nefasto.

Doutrinação
Doutrinação refere-se ao processo de inculcar crenças em alguém sem dar-lhe a oportunidade de uma investigação crítica independente.

Estratégias usadas para doutrinação:

Treinamento mecânico - esta prática de imprimir informações nas memórias das pessoas por meio de ações repetidas, como repetir mantras durante as orações ou contar contas de mala durante a oração, é conhecida como treinamento mecânico.

Pessoas treinadas para fazer afirmações são instruídas a dizer palavras que afirmem certas afirmações, criando assim a impressão de que essas afirmações são verdadeiras.

Obstrução da Verdade e dos Fatos - esta tática busca impedir que aqueles que estão sendo doutrinados tenham acesso a fontes de verdade ou fatos, como livros considerados "satânicos". Técnicas de psicologia do medo também podem ser empregadas, como avisá-los de que terão pesadelos ou serão visitados por espíritos vampiros se lerem esses livros.

Confissão – Cada um de nós tem um passado cheio de pecado. Pode haver coisas que fizemos que nos deixam arrependidos; uma tática de doutrinação envolve forçar as pessoas a confessar. Uma vez que as pessoas confessam, a sua autoridade moral diminui perante os doutrinadores, levando-as a um caminho de submissão à doutrinação.

Isolamento - o principal objetivo do isolamento é afastar alguém de influências que tornam a doutrinação impossível ou mais difícil, isolando-o completamente da família, da sociedade ou dos relacionamentos normais. Assim, as vítimas podem ficar isoladas da família, da sociedade e das relações normais, levando-as a acreditar em qualquer coisa dita pelos seus doutrinadores sem receber outra opinião sobre estas afirmações de terceiros de confiança. O isolamento também serve como uma forma de obstrução quando a verdade e os factos não podem ser avaliados objectivamente a partir de perspectivas confiáveis de terceiros.

Imposição de Culpa – A imposição de culpa é semelhante à confissão forçada; no entanto, a imposição de culpa envolve incutir um sentimento de culpa na mente da vítima por parte de doutrinadores que encontram maneiras de descobrir qualquer

delito e depois usam esse ato contra ela para infligir-lhe culpa. Assim como a confissão forçada, o objetivo principal desta tática é a imposição de culpa.
A confissão pode servir para minar a posição moral da vítima e pressioná-la à submissão psicológica.

Imposição de Fobia - O medo psicológico pode ser instilado através de técnicas de doutrinação de doutrinadores; as vítimas têm cada vez mais dificuldade em funcionar fora do seu domínio de influência. Exemplo de incentivo à fobia As seguradoras usam táticas de indução do medo em clientes em potencial, exagerando os riscos potenciais que podem ocorrer caso o cliente em potencial opte por não segurar a vida ou a propriedade de entes queridos, enquanto os governos muitas vezes recorrem a incutir o medo para forçar seus agendas.

Os rituais têm uma marca indelével na psicologia de uma pessoa, o que explica por que tantas tradições, religiões, cultos, organizações políticas e grupos civis empregam rituais como um elemento das suas práticas. Os rituais podem ser realizados antes das orações ou dos serviços fúnebres, bem como antes do início da guerra - estas cerimónias aumentam a susceptibilidade a quaisquer propostas que possam estar a ser apresentadas pelos doutrinadores.

Dependência induzida - Os manipuladores empregam frequentemente esta táctica em relações nas quais pretendem obter vantagem sobre as suas vítimas, por exemplo entidades imperialistas ou colonialistas que perpetuam a pobreza antes de fingirem salvá-la do seu destino. Podem oferecer ajuda condicional ou subsídios que contenham condições destinadas a aumentar a dependência e tornar as vítimas mais propensas à exploração. Uma vez que este empobrecimento deliberado não teria levado a uma pobreza tão extrema ou resultado em ajudas e subsídios tão generosos, isto induz à dependência. Os cônjuges permitem frequentemente que um parceiro inseguro crie condições que o tornem dependente; um marido inseguro podcria torná-la mais confiante.
Quando a sua esposa perde o emprego, um marido inseguro pode controlar e manipular mais facilmente o seu cônjuge desempregado, uma vez que ele serve como a sua principal fonte de independência financeira. A falta de autonomia financeira a torna vulnerável aos ditames do marido.

Punição - Ao criar um sistema de incentivos e oferecer testes/exames como punições, aqueles que passam no programa de doutrinação são punidos de acordo.

Características da doutrinação

Não é de surpreender que a doutrinação permeie a maioria dos aspectos das nossas vidas - ocorre nos lares (pelos pais e professores), nas escolas (pelos professores), na vida pública (pelos políticos e governos), etc.

Aqui estão alguns atributos principais das ferramentas de doutrinação:

Medo, Dogmatismo, Fundamentalismo, Fechamento Cognitivo e Privação Percebida como Fontes de Doutrinação
Pode haver várias fontes encobertas e abertas de doutrinação; aqui estão algumas fontes comumente abertas:

Instituições religiosas, escolas e estabelecimentos de ensino

Guia de mídia para pais (mídia convencional, alternativa e sites de redes sociais).

Políticos
Lavagem cerebral em parceiros de casamento O termo 'lavagem cerebral' refere-se ao processo de desalojar o conjunto existente de velhas crenças de seu sistema em favor de novas que surgem sem serem solicitadas ou adotadas voluntariamente por alguém. A lavagem cerebral ocorre sem consentimento.

A lavagem cerebral pode assumir muitas formas; às vezes é sutil e involuntário, outras vezes violento. Um exemplo violento foi a conversão forçada durante as cruzadas e a jihad. As vítimas, nesses casos, estão conscientes do que está a acontecer, mas aceitam-no como um mecanismo eficaz para evitar danos maiores, como a morte.

A lavagem cerebral violenta normalmente ocorre em cultos militantes ou organizações criminosas onde as vítimas ficam presas sem rota de fuga.

As vítimas potenciais de lavagem cerebral violenta incluem:

Prisioneiros (particularmente prisioneiros de guerra)

Escravos sob cativeiro
Vítimas sequestradas para escravidão à venda por captores
Estrangeiros ilegais A lavagem cerebral sutil geralmente acontece sem o conhecimento da vítima; aqui, o perpetrador procura vítimas suscetíveis que possam ser mais facilmente persuadidas. Além disso, estas vítimas vulneráveis geralmente encontram-se em circunstâncias terríveis, dando origem a vazios psicológicos que desejam realização.

Abaixo estão algumas vítimas potenciais de lavagem cerebral involuntária:

Você está vivendo com uma doença crônica desconhecida? Se sim, por favor leia isto.

Os menores que saíram de casa para morar sozinhos geralmente residem longe.

Pessoas que perderam o emprego e sofrem emocionalmente estão em profundo desespero.

Perder entes queridos por divórcio ou morte pode ser devastadoramente doloroso.

Etapas comuns na lavagem cerebral

A seguir estão algumas das etapas que os lavadores cerebrais normalmente realizam quando tentam fazer lavagem cerebral em suas vítimas:

1. Isolamento
2. Ataque à subjugação da auto-estima Sujeição
Testando 5 bombardeios de amor
Os lavadores cerebrais entendem que a família ou membros do círculo próximo podem identificar rapidamente o que está acontecendo com uma vítima e, assim, resgatá-la, portanto, o passo inicial que tomam para subverter uma vítima é isolá-la das pessoas próximas, como familiares ou amigos. .

Os líderes de seitas, por exemplo, podem incutir opiniões negativas de familiares e amigos próximos nas vítimas, criando divisão entre eles e os entes queridos como resultado de táticas de lavagem cerebral usadas contra eles por vampiros psíquicos que drenam energia e tornam as pessoas cronicamente doentes; a vítima pode sucumbir a tais táticas de lavagem cerebral devido à doença e ao desespero - em última análisc, isolando-se de alguém que poderia tê-la salvado completamente da lavagem cerebral.

Ataque à Auto-Estima Uma vítima que sofre de baixa confiança ou que sofre de baixa auto-estima é vulnerável à lavagem cerebral e, portanto, um lavador cerebral procura atingir este estado atacando a sua auto-estima.

Os lavadores cerebrais empregam várias estratégias para minar o senso de autoestima de suas vítimas, tais como:

Abuso verbal e físico - frequentemente utilizado em técnicas violentas de lavagem cerebral para desumanizar a vítima e minar o seu sentido de valor.

Privação de sono - Sem descanso adequado, as pessoas ficam mais vulneráveis à pressão psicológica devido à redução da consciência. Sem plena consciência, as instruções de lavagem cerebral tornam-se mais fáceis para um indivíduo exausto que busca apenas um pouco de paz e sossego para poder adormecer rapidamente.

Intimidação-Intimidação é uma das muitas técnicas que os lavadores cerebrais usam para forçar alguém à submissão sem sua vontade, como pela ameaça de punição ou pela própria punição.

Constrangimento - esta estratégia pode ser utilizada se uma vítima em potencial guarda algum segredo desagradável que prefere manter escondido, por exemplo, usando vários meios para obter fotografias de nus ou induzir a infidelidade conjugal em tais indivíduos. Uma vez que um lavador cerebral adquire esses materiais, ele começa a constranger sutilmente a vítima, sem revelar publicamente nada sobre esse material, mas usando termos generalizados que indicam comportamento imoral em nome de seu alvo. A vítima entende aonde essas pistas levam e, portanto, está determinada a impedir que seu lavador cerebral revele esses conteúdos embaraçosos, dando-lhe a vantagem necessária para fazer a lavagem cerebral em sua vítima. Exemplos de cenários de lavagem cerebral incluem forçar as vítimas a realizar rituais que prejudicam seu próprio valor e autoestima, subjugando-as ainda mais à lavagem cerebral. Com o tempo, as vítimas podem desenvolver a Síndrome de Estocolmo, onde, em vez de revidar, começam a apoiar a sua lavagem cerebral.
Proteja o Lavador de Cérebros (o que, inconscientemente, significa proteger seus "segredos")

Os lavadores cerebrais usam a criação da escassez, como o racionamento de necessidades básicas, e só os liberam quando um indivíduo atua sob suas ordens, para subjugar as vítimas. A lavagem cerebral procura colocar as vítimas sob total controle para que se tornem completamente submissas.

Abaixo estão algumas táticas usadas para subjugar:

Abuso extremo entre nós e eles
Bombardeio amoroso Abuso extremo Uma vítima está sujeita a abuso extremo; frequentemente, o abuso emocional e psicológico é empregado, sendo o abuso físico usado apenas para fins violentos de lavagem cerebral e não para técnicas sutis de lavagem cerebral.

Nós contra eles
A vítima é forçada a escolher entre o seu lavador cerebral e a sociedade como um todo. Não há chance de fuga para esta vítima.

Sujeitos que sofreram lavagem cerebral apresentam vítimas que ainda abrigam quaisquer pensamentos sobre "eles", o mundo exterior. Qualquer tentativa das vítimas de considerarem permanecer "conosco", os sujeitos que sofreram lavagem cerebral, levará a graves abusos até que decidam juntar-se à sua lavagem cerebral e abandoná-los.

Teste ou Avaliação,
O teste ocorre para verificar se a vítima fez a sua escolha e já não deseja juntar-se a "eles", ao mesmo tempo que testa o seu nível de obediência.

Sob controlo secreto, as vítimas podem ser libertadas para "eles" (a população em geral) na condição de regressarem numa determinada data e monitorizadas secretamente para ver se optam por voltar para "nós" (grupo que sofreu lavagem cerebral).

Se a vítima não quiser regressar, então ela é raptada e devolvida ao nosso rebanho – e assim o ciclo vicioso recomeça.

Caso a vítima retorne voluntariamente, passamos para o estágio dois, conhecido como bombardeio amoroso.

A maioria das vítimas considera a viagem de regresso à sociedade demasiado desafiante, preferindo assim regressar a casa em vez de reconstruir o que foi perdido.

Bombardeio de Amor Uma vez que os testes demonstrem que uma vítima sofreu uma lavagem cerebral com sucesso, técnicas de bombardeio de amor podem ser utilizadas para incentivá-la a aderir.

O bombardeio amoroso pode envolver elogios, promoção por ordem de assuntos, presentes recebidos etc.
Sedução sombria "Sedução sombria" refere-se ao uso de ferramentas psicológicas projetadas para usar táticas de manipulação sombria contra indivíduos, a fim de persuadi-los a relacionamentos que satisfaçam apenas o interesse próprio de uma das partes e não produzam retornos tangíveis para nenhum dos lados envolvidos.

Um sedutor sem escrúpulos joga com os desejos de sua vítima para satisfazer sua própria agenda lasciva.

Embora a sedução seja frequentemente associada ao sexo oposto, também pode envolver alguém do mesmo sexo e até mesmo aqueles que se identificam como não sexuais.

A sedução sombria não envolve apenas atos sexuais; em vez disso, utiliza a estimulação sexual para atingir certos objetivos.

A estimulação sexual torna as vítimas menos lógicas e racionais e, portanto, mais abertas à manipulação.

Abaixo estão algumas técnicas de sedução sombria:

Love Bombing envolve o envio de expressões provocativas e banalidades a outras pessoas como presentes, com ou sem solicitação explícita para fazê-lo.
O objetivo principal da sedução sombria é apelar ao Id primitivo de um indivíduo e reduzir a anticatexia; encorajando-o assim a romper com o superego e descer ao Id, onde existe o hedonismo.

Ações eróticas e recompensas podem ser empregadas contra a vítima para reforçar esse estado de Id e remover todas as evidências de superego ou anticatexia.

Na maioria das vezes, a doutrinação e a lavagem cerebral podem ajudar a desmantelar o superego. A hipnotização, no entanto, é usada como uma técnica poderosa para esse propósito – levar a mente de alguém a um estado aberto onde ele pode ser persuadido por qualquer sugestão que você lhe der.

Um indivíduo sob hipnose é semelhante a alguém dormindo andando; sua consciência torna-se singularmente focada em caminhar sem captar sinais de fontes externas.

Enquanto está em estado hipnótico, um indivíduo não pode conscientemente extrair referências de fontes externas - apenas de sugestões. A consciência periférica diminui ou desaparece completamente à medida que a mente fica presa dentro de uma bolha impenetrável, impermeável a sinais externos que normalmente a penetrariam.

Indução Hipnótica
A indução hipnótica envolve dar instruções e sugestões a alguém destinadas a induzir a hipnose.

Principais características da hipnose:
Atenção concentrada focada em um objeto ou ideia Isolamento da consciência periférica

Aumento da receptividade a sugestões A principal distinção entre a hipnose branca e a hipnose sombria reside na intenção do hipnotizador: a hipnose sombria visa explorar seu sujeito para obter ganhos egoístas, em vez de ajudá-lo a melhorar por meio de sugestões positivas de dentro da hipnose.

A hipnose branca visa aliviar estados de consciência traumáticos ou prejudiciais, ajudando os hipnóticos a sair deles com rapidez e sucesso. A hipnoterapia é frequentemente considerada a forma principal da hipnose branca, muitas vezes referida como hipnose terapêutica.

Hipnoterapia
A hipnoterapia é uma forma de indução hipnótica branca usada por médicos para fins terapêuticos. O objetivo principal é ajudar na cura de traumas psicológicos, emocionais e até físicos.

A hipnoterapia pode ser usada como um método eficaz para o alívio da dor, ajudando o paciente a se distanciar da fonte de seu desconforto, diminuindo assim a sensibilidade a essa dor.

Fatos sobre a hipnose: a hipnose é voluntária. Crianças obstinadas são mais suscetíveis ao hipnotismo DO QUE os adultos

15% das pessoas são suscetíveis ao hipnotismo.

10% dos indivíduos raramente podem ser hipnotizados.

Pessoas propensas a fantasiar são mais vulneráveis a serem atraídas para a indução hipnótica sombria. Além disso, isso pode ter consequências adversas.

Houve muitas vítimas de indução hipnótica sombria. As causas comuns incluem:

Hipnotizado tão profundamente que você voluntariamente entrega seus pertences a um hipnotizador

Você está sendo hipnotizado para abrir a porta deliberadamente para ladrões?

Você está sendo hipnotizado e seguindo os sequestradores voluntariamente até sua toca? Se esse for o seu caso, ser hipnotizado para segui-los até a toca provavelmente levará a algum tipo de sequestro e abuso.

Compreender a manipulação faz parte da vida há muito tempo; não deveria ser nenhuma surpresa que a persuasão seja praticada há muito tempo como uma habilidade. Reconhecer qual é a sua verdadeira essência é essencial se quiser lidar eficazmente com o seu impacto.

Neste capítulo, revisaremos brevemente a psicologia da manipulação para compreender melhor onde ela pode existir em nossas vidas e quem pode tentar nos explorar. Também pode ajudar a identificar aqueles que tentam nos influenciar sem que percebamos - por exemplo, um chefe pode encorajar os seus empregados a agirem de forma contrária à sua personalidade e comportamento normais; aprender como o comércio usa técnicas sutis de persuasão irá ajudá-lo a combater seu poder generalizado.

A nossa sociedade encoraja-nos a ver-nos como indivíduos independentes, capazes de fazer escolhas racionais; entretanto, quando se trata de decisões de vida nem sempre temos controle total. Muitas vezes, as crianças podem ser fortemente influenciadas pelos pais e não têm qualquer controle sobre o processo pelo qual foram criadas. Uma vez dentro do sistema educacional, somos ainda mais manipulados. Os professores ensinam-nos tudo sobre as normas e expectativas sociais da sociedade; mais tarde, já adultos, somos atraídos por políticos em busca de votos. Muitos são persuadidos a votar em determinados partidos pelo que prometem para o futuro, mesmo que não acreditem nas suas políticas. Isto dá aos políticos um poder que pode afectar directamente as nossas vidas; estamos realmente no controle ou simplesmente sujeitos à manipulação por aqueles que possuem técnicas de persuasão hábeis?
Mais adiante neste livro, abordaremos como abordar vários métodos de manipulação, tanto abertos quanto encobertos. Em primeiro lugar, você deve aprender a reconhecer quando está sendo manipulado para poder neutralizar isso; para isso examinaremos também o que dizem os especialistas sobre esse tipo de comportamento que existe entre nós.
Você está se sentindo manipulado?

Com que tipo de coisas devemos ter cuidado em nossa vida cotidiana?

Linguagem persuasiva Embora as imagens valham mais que mil palavras, as palavras podem ser muito mais eficazes quando usadas para motivar, encorajar e persuadir. Pense em todas as vezes em que você foi inspirado por um orador carismático cujos discursos ousados inspiraram e motivaram você a agir; ou quando nos perdemos completamente num grande livro com palavras contando uma história diferente! A linguagem pode ser uma força extremamente poderosa quando usada de forma eficaz para convencer os outros de algo; a comunicação é um recurso incrível ao tentar mudar o comportamento das pessoas ou fazer com que elas mudem de ideia sobre algo.

Teorias de Manipulação Psicológica 1 Cognitiva

Os processos psicológicos e as teorias que cercam a persuasão são bem conhecidos; uma dessas teorias desenvolvida por Anthony Greenwald em 1968 é o modelo de Resposta Cognitiva. Embora tenha sido criado há mais de 40 anos, seus princípios permanecem relevantes até hoje e são amplamente utilizados em publicidade e outras formas de persuasão.

Greenwald sugeriu que: O que realmente determina o sucesso da persuasão não está nas palavras, mas nas emoções do destinatário, no seu monólogo interno e no fato de ele ver ou não a mensagem com pensamentos (cognições) favoráveis ou desfavoráveis. Este processo não necessita de envolver a aprendizagem de novo material, mas é determinado pelo facto de alguém já o ver de uma forma que a influência seja mais ou menos fácil para ele.

Os persuasores devem confiar na sua habilidade como persuasores para superar quaisquer contra-argumentos que surjam contra os seus esforços de persuasão. Devem evitar que o seu alvo tenha tempo suficiente para elaborar quaisquer contra-argumentos próprios e devem encorajar argumentos positivos a virem à tona, dando ao "efeito de persuasão" uma maior probabilidade de sucesso.

A persuasão torna-se mais desafiante se um alvo pretendido tiver sido avisado do que esperar, dando-lhe tempo para preparar os seus próprios argumentos contra o que pode parecer contra-intuitivo para eles. Richard E. Petty conduziu uma pesquisa que demonstrou a importância do pré-aviso em 1977: os alunos que foram avisados sobre certos eventos tinham menos probabilidade de serem convencidos do que aqueles sem notificação prévia.

Reciprocidade

A Regra da Reciprocidade fornece outra explicação intrigante para a nossa susceptibilidade à persuasão: baseia-se em convenções sociais – se alguém lhe faz um favor ou lhe oferece algo de bom, é mais provável que se sinta obrigado a retribuir o favor de uma forma ou de outra.

Inconscientemente, a Regra da Reciprocidade pode ocorrer. Mesmo sem perceber, você pode concordar em fazer uma ação ou favor a alguém porque em algum momento essa pessoa fez algo de bom para você - mesmo que esse pedido normalmente esteja fora de sua esfera de competência. Sentir-se obrigado pode até ter seus benefícios;

As empresas que utilizam técnicas de vendas geralmente empregam essa tática para gerar mais vendas. As empresas oferecem amostras grátis ou testes por tempo limitado na esperança de que os clientes se sintam obrigados a retribuir o favor comprando seu produto ou continuando o acordo.

A reciprocidade é um processo psicológico estabelecido e um comportamento adaptativo, aumentando nossas chances de sobrevivência ao longo da história. Ajudar os outros pode aumentar a sua probabilidade de obter ajuda em troca, mas a reciprocidade pode ter efeitos secundários indesejáveis; por exemplo, se alguém o prejudica, a reciprocidade pode provocar respostas vingativas contra essa pessoa.

A pesquisa acadêmica dá suporte à Regra da Reciprocidade. Burger et al (2009) descobriram que os participantes eram mais propensos a concordar com os pedidos feitos por alguém que lhes havia feito um favor no passado.

Manipulação de informações, etapa 3

O engano é uma das principais estratégias empregadas pelos manipuladores. Esta estratégia envolve oferecer informações limitadas e confusas às vítimas, a fim de mudar os seus padrões de pensamento, deixando-as mais suscetíveis. O engano também pode envolver o emprego de linguagem corporal intencional para persuadir e manipular alguém.
McCornack et al. (1992) conduziram um estudo que destacou várias maneiras pelas quais as mensagens poderiam ser falsificadas para auxiliar nos processos de manipulação. A teoria de McCornack baseia-se em quatro máximas que regem as declarações verdadeiras; qualquer violação tornará essa mensagem um engano intencional. Eles incluem:
Quantidade Informação "quantidade" refere-se a quanto é distribuído. A maioria de nós se esforça para fornecer dados suficientes para que o receptor entenda nossa mensagem - nem pouco, nem muito pode causar confusão. Mas os manipuladores podem brincar com essa quantidade, retendo certas peças que consideram irrelevantes para o seu argumento ou retendo informações que consideram que irão prejudicá-lo - esta prática é conhecida como "mentir por omissão".

Qualidade refere-se à precisão das informações fornecidas. A comunicação verdadeira é de alta qualidade, ao passo que, quando violamos esse princípio, o receptor ouve mentiras intencionais que dão ao manipulador poder sobre os outros.

Relevância Aqui nos referimos à "relevância" das informações relacionadas à nossa mensagem. Para desviar uma pergunta embaraçosa ou evitar uma discussão desconfortável, os manipuladores muitas vezes mudam de assunto para seu próprio benefício - seja para esconder fraquezas dentro de si mesmos, ou para enfatizar demais algo que lhes dará mais poder sobre o seu ouvinte.

Forma de Entrega Uma apresentação é determinada pela forma como ela é "entregue". A linguagem corporal desempenha um papel fundamental nisso. À medida que ouvimos, as inflexões e as expressões faciais podem revelar a origem de uma mensagem; os manipuladores podem exagerar essas características para enganar sutilmente os ouvintes, fazendo-os acreditar que sua mensagem enfatiza sua agenda.

Manipular ou persuadir deliberadamente os outros através do engano não é uma tática nova; no entanto, seu uso tornou-se particularmente potente na sociedade atual. A comunicação online e nas redes sociais nem sempre envolve encontros presenciais, tornando mais fácil para os manipuladores espalharem mentiras ou exagerarem informações. Os manipuladores poderiam prosperar usando tais formas de comunicação.

4 Nudge Nem toda manipulação é prejudicial; às vezes precisamos de ajuda para tomar decisões que nos beneficiarão no longo prazo. Para atingir este objetivo, a Teoria do Nudge pode ser particularmente útil: expandir o reforço positivo dando empurrões suaves em pequenas doses através de vários "cutucões".

Os estudos de Skinner, ou Behaviorismo, ilustram quão útil esta teoria pode ser. Ao oferecer reforço positivo na forma de recompensas pelo comportamento desejado, esta teoria pode empurrar as pessoas na direção desejada.

Um exemplo de "empurrão" pode ser visto aqui. Embora a adição de itens com preços elevados possa parecer contraproducente, os resultados na verdade aumentaram as vendas do segundo item com preço mais alto - dando aos clientes um impulso para comprá-lo - tudo para o benefício dos donos de restaurantes e de seus resultados financeiros.

Richard Thaler é amplamente considerado o "pai" da Teoria Nudge e foi galardoado com o Prémio Nobel Memorial em Ciências Económicas pela sua contribuição significativa para a economia comportamental. A Teoria do Nudge fornece reforço positivo ou "cutucões".

A Teoria Nudge pode ser uma teoria económica extremamente eficaz; no entanto, a sua aplicação estende-se muito além da economia para encorajar mudanças comportamentais e influenciar escolhas pessoais, bem como alterar as normas sociais aceites dessa forma.

O Nudging provou ser um sucesso tão grande que, em 2010, o governo britânico criou uma Equipe de Insights Comportamentais do Departamento dedicada ao desenvolvimento de políticas - comumente chamada de Unidade Nudge.
As "cutucadas" podem ter vantagens óbvias para a sociedade como um todo, mas a utilização de tais técnicas psicológicas para influenciar as pessoas pode violar as liberdades civis individuais.

5. Manipulação Social
Também conhecida como manipulação psicológica, a manipulação social pode ser usada por políticos e outros indivíduos poderosos para ganho pessoal. Na sua pior forma, serve como uma forma de controlo social, retirando aos indivíduos os direitos individuais para forçar a população a aceitar o que lhes foi dado; mas a manipulação social pode ser usada positivamente quando usada para melhorar questões de saúde ou bem-estar pessoal.

Os manipuladores sociais empregam técnicas de distração para desviar de questões importantes. As suas propostas provavelmente beneficiariam a todos, incluindo a sua família e o seu futuro; quaisquer opiniões divergentes seriam erradas e egoístas – este tipo de persuasão trata os indivíduos como crianças; este sistema tenta convencer a multidão de que tudo o que deu errado foi de responsabilidade deles, então ouça com atenção quando os conselhos de especialistas surgirem para encontrar uma solução.

Uma tal estratégia política apresentaria uma questão social ao mesmo tempo que ocultaria outra - a fim de gerar agitação social e pânico entre a população e trazer as mudanças que ela exige. Um exemplo poderia ser quando um departamento pretende esconder problemas de saúde, diminuindo o orçamento para a prevenção da criminalidade e, assim, aumentando exponencialmente as estatísticas da criminalidade; as informações sobre soluções para os problemas do crime serão então transmitidas pelos políticos, divulgando as suas verdades e factos que podem nem sempre ser exactos (ou seja, utilização indevida de estatísticas).
A manipulação social pode levar anos para que o resultado desejado se manifeste.

A manipulação psicológica é um componente integral da influência social. O professor Preston Ni, da Communication Studies, publicou um artigo na Psychology Today delineando esta técnica em que uma parte reconhece a fraqueza da outra antes de deliberadamente tentar causar um desequilíbrio de poder, a fim de explorar as vítimas para ganho pessoal.

Isso faz de todos nós fantoches sociais? Em parte. A maioria de nós cumpre e se adapta às expectativas para evitar a anarquia na sociedade.

Pense por um segundo sobre qual produto ou gadget você mais gostaria de comprar: um amigo sugeriu ou já possui um? O mais provável é que seja algo que outra pessoa já possui ou que você viu anunciado online, fazendo com que você o queira ainda mais. Esta é apenas mais uma forma de manipulação social; podemos ser facilmente persuadidos se baixarmos a guarda; se isso é bom ou ruim, cabe a cada indivíduo decidir.

A manipulação social nem sempre significa algo ruim. Quando utilizada de forma adequada, a manipulação social pode, na verdade, beneficiar a sociedade como um todo. Por exemplo, os esforços dos especialistas em saúde para nos convencerem a consumir mais fruta e vegetais através de campanhas como as "Campanhas 5 por Dia", ou mesmo campanhas contra o tabagismo, que reduziram o número de fumadores, resultando em menores riscos relacionados com doenças, são exemplos de coerção bem-sucedida. táticas no seu melhor.

Gaslighting – a forma mais cruel de manipulação
Princípios como saber que você está recebendo informações falsas fazem com que elas sejam eventualmente aceitas como verdade.

Gaslighting é uma forma antiética de manipulação; os isqueiros a gás fazem com que as suas vítimas duvidem de si mesmas e percam toda a confiança em si mesmas, levando-as, em última análise, a questionar-se ainda mais. Isso leva a um imenso sofrimento à medida que sua autoestima se desgasta. O Gaslighting visa desestabilizar seu alvo, criando um caos psicológico para ele. Os manipuladores irão constantemente rebaixar seus alvos, contradizendo-os ou convencendo-os de que estão sempre errados; às vezes levando-os por esse caminho até serem acusados dc inventar mentiras sobre si mesmos. É por isso que as vítimas perdem toda a autoconfiança; uma vez que isso ocorre, eles são completamente controlados por um influenciador dominador - é um exemplo de abuso mental comumente encontrado em relacionamentos pessoais abusivos - com tentativas constantes de fazer com que a vítima duvide de si mesma e questione tudo o que se lembra de ter dito ou feito em interações anteriores com aquele influenciador. Eventualmente, até as próprias memórias são questionadas por essas técnicas usadas contra suas vítimas, fazendo-as questionar até mesmo o que já foi dito e feito em interações anteriores com aquele influenciador.

A iluminação a gás requer tempo antes de se tornar totalmente eficaz; o seu perpetrador desgastará gradualmente a vítima, até que eventualmente a leve a duvidar da sua própria sanidade e a questionar se uma manipulação estava a ocorrer.

Dr. George Simon PhD é psicólogo clínico de uma universidade do Texas que estudou pessoas com personalidades problemáticas. Os resultados de seus estudos o levaram à crença de que certas personalidades, principalmente os psicopatas, são adeptas da manipulação; distorcer factos e usar linguagem agressiva para lançar dúvidas nas mentes das vítimas e fazê-las duvidar de si mesmas e, em última análise, acreditar que o manipulador está correto; em última análise, tornando-se alvos vulneráveis sob seu controle.

O Gaslighting também não se limita aos indivíduos; também tem sido utilizado por entidades políticas. Maureen Dowd é uma autora e colunista que usa essa tática. Ela afirmou que a administração de Hillary Clinton usou técnicas de iluminação a gás contra um oponente - Newt Gingrich, do partido político adversário, era frequentemente incitado a parecer histérico por essas técnicas. Jornalistas e psicólogos também acreditam que Donald Trump usou tais métodos tanto durante a sua campanha presidencial como durante o mandato. Por exemplo, eles observam quantas vezes ele diz algo antes de se retratar ou negar até mesmo ter dito; que eles classificam como técnicas clássicas de iluminação a gás.
Seu parceiro está enganando e manipulando você

Vamos examinar alguns exemplos de manipulação que surgiram nas relações pessoais. Talvez você consiga reconhecer algumas dessas características dentro de você?

Os manipuladores tendem a ser obcecados pelo controle; quanto mais poder eles possuem, mais profundamente seus dentes se tornam vítimas.

Eles violarão os limites pessoais de outras pessoas através de atos como bisbilhotar e espionar ou tomar ações abertas e ousadas. Para que possam fazer isso, nada pessoal, como telefones ou computadores, será permitido em sua posse; suas senhas podem até ser roubadas sem você saber. Enquanto isso, eles protegem ferozmente seus próprios limites caso seu espaço pessoal seja comprometido de alguma forma.

Ações enérgicas, como impedir que você veja determinados amigos, podem ocorrer quando alguém se recusa a compartilhar o que pertence exclusivamente a ele, como impedir que você visite seu próprio círculo social. A princípio, eles deixarão claro que não gostam desses conhecidos, embora no fundo os vejam como ameaças potenciais; o ciúme segue seu curso e pode até se tornar agressivo.

Se você tomar decisões sem consultá-los primeiro, eles não ficarão satisfeitos. Eles não querem que você exerça o livre arbítrio, caso contrário, um dia isso poderá levá-los a abandoná-los!

O controle pode vir na forma de aconselhamento; no entanto, você não tem muita escolha em aceitá-lo. Eles estão instruindo você sobre o que fazer e como agir. Parceiros manipuladores tendem a querer um conhecimento profundo de sua programação diária e qualquer desvio dela provavelmente os levará a investigá-lo mais detalhadamente. Caso surja algo que os pegue de surpresa, eles certamente questionarão e interrogarão sobre isso.

Observe que eles frequentemente criticam tudo o que você diz em público e menosprezam suas opiniões e pensamentos como forma de afirmar seu poder sobre você.

Essas pessoas não apenas criticam você rapidamente, mas muitas vezes vão além: acusando você de mentir ou de ter memória ruim; às vezes até tendo a ousadia de te chamar de manipulador!

Os manipuladores controladores nunca podem ser satisfeitos; quando você pensa que alcançou a meta, eles a movem mais uma vez - deixando você sem saber exatamente onde está seu relacionamento.

Você está envolvido em um relacionamento abusivo? Sem dúvida, os relacionamentos dos manipuladores provavelmente serão infelizes. Os manipuladores tendem a ser imprevisíveis e podem tornar-se violentos repentinamente quando suas regras são violadas.

Romper um relacionamento abusivo nunca é fácil, mas existem recursos que podem ajudar. Quando for seguro fazê-lo, pesquise online organizações locais que apoiam vítimas de parceiros abusivos. Exclua também seu histórico de navegação, pois nada permanecerá privado para um manipulador. É estressante no início, mas a ajuda necessária deve ser procurada imediatamente.
Seus amigos estão se aproveitando de você para manipulá-lo para que faça seus movimentos.

Sem dúvida que pode ser um desafio formar laços em novos ambientes e, por vezes, este processo pode até parecer intimidante ou hostil! Quando isso ocorre, porém, as pessoas muitas vezes se sentem como peixes fora d'água – esses sentimentos de alienação nunca devem ser ignorados! Todos nós precisamos de amigos na vida, e aprender como atraí-los deve ser visto como uma habilidade essencial que todos os indivíduos possuem. Os seres humanos são animais sociais por natureza e procuram a companhia dos outros – há muito poucas excepções a essa regra!

Selecionando amigos - Crie um perfil ideal do tipo de amigos que você gostaria.

Aqui estão três grandes categorias de amigos:

Olá e adeus aos meus conhecidos (amigos).

Pessoas que você conhece em ambientes comuns – como o trabalho – tendem a se tornar seus amigos quase automaticamente, como dizer olá e adeus quando se encontram durante o dia; uma vez fora deste espaço partilhado, contudo, estes amigos (que podem ser apenas conhecidos) raramente permanecem envolvidos para além destas interacções; embora seja bom conhecê-los e aproveitar suas habilidades sempre que necessário, eles podem não necessariamente ser considerados seus verdadeiros aliados (os gregos acreditam que só se pode contar com amizades verdadeiras de um lado - algo para se manter em mente!).

Amigos para beber, parceiros de golfe e companheiros de compras - amigos divertidos vêm e vão na vida. Eles compartilham com você aquelas coisas que tornam a vida divertida porque eles próprios gostam, riem com frequência e têm prazer em passar o tempo na companhia um do outro. Embora esses amigos não se envolvam necessariamente em longas conversas sobre o significado da vida ou a realidade das alterações climáticas, estas ligações sociais frouxas que se formam ao longo do tempo tornam-se companheiros inestimáveis.
Todo mundo gosta de se divertir, então quando a oportunidade se apresenta, todos têm uma experiência agradável juntos - embora haja pouca profundidade em termos de relacionamento com você.

Amigos de alma
Estes são os seus amigos que ligam às 3 da manhã - aqueles com quem você pode contar que estarão prontos e dispostos a conversar se você perturbar o sono deles às 3 da manhã! Com essas pessoas ao seu lado em uma viagem, vocês não se matarão antes de chegar à Rota 66!

Conversas longas e significativas, segredos compartilhados e apoio mútuo definem essas amizades. As pessoas que ficam ao seu lado, nos bons e maus momentos, são verdadeiras almas gêmeas; essas pessoas o compreendem intimamente enquanto você retribui a gentileza deles na mesma moeda. Alguns amigos podem estar presentes desde o nascimento até a morte, enquanto outros você encontra ao longo do caminho. O que diferencia essas amizades daquelas que desaparecem com o tempo ou dos companheiros comuns é a profundidade do relacionamento. É difícil encontrar amigos de alma e, quando nos encontramos novamente, pode parecer que nenhum tempo passou. Vocês continuam de onde pararam porque se conhecem muito bem; como se o destino tivesse preordenado que estes seriam seus amigos. Almas gêmeas refletem nossas identidades e o que é importante em nossas vidas; além disso, eles estão lá quando você precisa de alguém porque sabem exatamente quem somos.

Formar amizades verdadeiras leva tempo.

Amizades verdadeiras não acontecem da noite para o dia. Com o tempo, amizades íntimas e duradouras se formam por meio de uma química genuína entre os envolvidos. Tal como os relacionamentos românticos, as verdadeiras amizades dependem desta mesma troca química fundamental que fala diretamente a ambas as partes envolvidas - como uma canção interior que fala diretamente a ambas. Você sabe quando é real porque esses laços não se formam sozinhos - em vez disso, eles existem realidades preexistentes que você reconhece e age sobre elas. Quando os verdadeiros amigos de alma entrarem em sua vida pela primeira vez, seu impacto será inegável: você saberá imediatamente que alguém com quem você se conecta instantaneamente foi feito para eles (junto com o ser)!
Soul Friends podem desempenhar um papel inestimável em sua vida até o fim, seja físico ou espiritual. Sabemos que eles estão lá, sabemos que podemos pegar o telefone e ligar a qualquer hora para encontrá-los prontos para conversar; esses amigos realmente fazem a vida valer a pena! É isso que os torna especiais e incrivelmente essenciais.

Embora seja fácil reconhecer os nossos amigos de alma à primeira vista, o mundo muitas vezes pode tornar isso difícil. No entanto, uma vez formados, os amigos de alma permanecem persistentes, apesar da desconfiança da nossa cultura: eles não desistirão de procurar por você e não pararão de tentar; com o tempo, o vínculo entre vocês se tornará indestrutível e você terá feito um aliado para a vida toda.

Veja como você pode se tornar adepto de fazer novas amizades:

Você pensou demais
Você já se sentiu estranho ao conhecer alguém, apenas para se sentir rapidamente à vontade na presença dela depois de apenas dois minutos de conhecê-la? Lembre-se de que conhecer uma nova pessoa não dá nenhuma pista sobre seu caráter ou comportamento; portanto, seria inútil você analisar tudo demais?

E, novamente, presumir que conhecer novas pessoas será assustador só serve para deixá-lo com medo no momento e pode transformar o encontro com alguém novo em algo de que você não gosta ou não gosta completamente. Na maioria das vezes, quando nos sentimos tímidos em relação às pessoas, é devido ao medo que nos impede de estabelecer relacionamentos significativos que duram a vida toda - experiências ruins com outras pessoas dificultam significativamente esse processo de crescimento; portanto, é crucial que nos afastemos desta ilusão de reuniões assustadoras o mais rápido possível! Para contrariar esta tendência e garantir que formamos laços significativos, devemos abandonar quaisquer presunções de que conhecer pessoas nos deixará com medo, cautelosos ou antipáticos - desiluda-se desta noção para que esteja livre e pronto para formar laços significativos e duradouros que devem durar. vitalício. Assim, seria melhor nos afastarmos dessa ilusão de que encontrar alguém nos deixará cautelosos ou que encontros detestáveis acontecerão; geralmente nos levando por esse caminho de nos sentirmos estranhos ou tímidos em relação a alguém (ou a qualquer encontro que esteja acontecendo). A vida nos coloca em silos individuais de isolamento, o que nos deixa desconfiados, tornar a vida difícil e tentar formar conexões duradouras pode levar décadas! A solução aqui reside em se livrar desse mito de que conhecer alguém fará com que conhecer alguém ou alguém seja novo - em vez disso, tente se livrar dessa noção de que conhecer alguém significará temê-lo abertamente ao conhecer a ideia de que conhecer alguém novo significa fazer qualquer coisa. ...

Conhecer estranhos pode ser assustador, então pare de pensar demais sobre como abordar a primeira conversa; como construir conexões significativas que possam enriquecer sua vida. Pensar demais sobre esses relacionamentos importantes pode fazer com que continuemos sendo pessoas solitárias e isoladas, que nunca se conectam de maneira autêntica ou duradoura uns com os outros, como os humanos deveriam fazer.

Quem sabe se a outra parte está nervosa em conhecer você? Nestes tempos de incerteza, a maioria de nós não confia uns nos outros e pergunta-se se alguém que encontramos tem motivos e intenções genuínos quando os encontramos. Muito provavelmente sim; a confiança foi perdida entre os indivíduos.

Relaxe e forme em sua mente uma imagem positiva daquele primeiro encontro; aquele que retrata saúde. Infelizmente, muitos podem julgá-lo injustamente à primeira vista. Todo mundo carrega suposições culturais sobre aqueles que vale a pena conhecer. Você provavelmente também. A chave para se abrir para os outros e permitir que o universo o conecte é abrir-se e permitir que as coisas se desenvolvam organicamente — isso faz maravilhas! Amigos que vale a pena ter estão cientes de que não é sensato fazer julgamentos baseados apenas em características superficiais. O medo reside apenas em nossas mentes — remova-o! Deixe de lado quaisquer preconceitos e medos e confie na sua intuição para ler as pessoas com eficácia. Confie em si mesmo e no seu conhecimento — você aprendeu o suficiente sobre as pessoas para reconhecer quando elas estão sendo honestas ou não, lendo seus maneirismos, padrões de fala e indicadores não-verbais que revelam quem elas realmente são. Confie em si mesmo e confie em si mesmo; Não há nada a temer; não há necessidade de suspeita ou hesitação!

Agora você está mais do que preparado para mergulhar de cabeça nas interações sociais e encontrar pessoas com ideias semelhantes como amigos. Suas habilidades recém-adquiridas com a prática da psicologia social devem tornar a busca muito mais simples.
Estabeleça muito rapidamente quem é mau e quem é bom. Embora o Lobo Mau ainda possa existir, você se tornou um indivíduo proficiente e capaz com consciência social; não é mais vulnerável a ser enganado por alguém que está enganando seus olhos. Seu novo conhecimento torna mais fácil discernir quem entre aqueles que você conhece pode se tornar seu verdadeiro amigo; chega de suposições aqui - agora que você entende o básico!

Mova-se no seu próprio ritmo
Se você esteve fora do contato social por um longo período, conhecer novas pessoas pode parecer assustador quando você voltar a fazer isso (digamos, em um seminário ou festa). Faça isso no seu próprio ritmo No entanto, você pode evitar esse dilema procurando amigos ou conhecidos que você sabe que estarão presentes em um próximo evento e encontrando-se com eles antes de comparecer - isso deixará sua mente mais tranquila ao reentrar em situações sociais. No momento em que você chega a um evento, sua ansiedade já deve ter diminuído significativamente. Saber que alguém estará presente pode apresentá-lo a outras pessoas, enquanto seus amigos provavelmente sentirão qualquer tensão que você está sentindo e estarão presentes como apoio - nunca hesite em pedir ajuda a alguém que você conhece; é para isso que existem os amigos! Como descobrimos ao longo deste livro, eles fornecem um suporte inestimável!

Você está buscando restabelecer a vida social após o isolamento? Aqui estão algumas soluções eficazes para tornar a transição mais fácil:

Comece entrando em contato com conhecidos - olá, tchau, é um primeiro passo fácil com risco mínimo envolvido.

Expanda seu círculo social para incluir pequenos grupos de amigos que você já possui; simplesmente observar como as pessoas se relacionam; voltar a adquirir o hábito de estar perto de pessoas em grupos sem parecer intimidador ou intimidador. Não precisa ser intimidante; leve as coisas devagar.

Expanda seu círculo social juntando-se a seus amigos em reuniões dos quais eles participam com novas pessoas. Quando souberem que você deseja levar uma vida social ativa novamente, a maioria ficará feliz em ajudar!

Saia da sua zona de conforto e aceite convites para socializar com pessoas fora do seu círculo habitual de amizades. Dizem que a fruta mais doce fica na beirada, então saia! Desfrute de novas experiências com novas pessoas enquanto aprende mais sobre si mesmo e sobre os outros - por que as pessoas não deveriam querer conhecer alguém tão fascinante e inteligente quanto você?

Seja pró-ativo na socialização! Adote uma abordagem ativa para conhecer novas pessoas.

Quando estiver confortável em retomar o contato social e não se sentir mais isolado dos outros, você poderá procurar proativamente pessoas que já conhece, bem como recém-chegados a você. Amigos e conhecidos fornecem a base da conexão social, mas você deve expandir ainda mais para áreas que podem não ser familiares, como:

Junte-se a um grupo que compartilha seus hobbies e outros interesses.

Registre-se para participar de workshops ou fazer cursos que sejam do seu interesse, como workshops ou cursos que compartilhem um interesse. Será fácil fazer amigos em grupos onde todos os membros compartilham objetivos comuns.

Seja voluntário e você desfrutará de servir enquanto faz novos amigos no processo. Não apenas isso, mas o voluntariado oferece a maneira perfeita de desenvolver habilidades e aptidões que você esperava aprimorar. Tal como os workshops ou grupos, partilhar um interesse proporciona um ponto de ligação comum entre os membros do grupo de voluntários - e no voluntariado não é diferente!
Aceite convites para festas de aniversário, eventos sociais e outras reuniões onde as pessoas com quem você deseja se conectar possam se encontrar. Rompa quaisquer barreiras que possam impedir que as pessoas que você deseja conhecer se apresentem.

Participe de eventos sociais e "encontros", com pessoas que compartilham interesses semelhantes. Além disso, ir regularmente a bares pode ajudar; há pessoas em todos os lugares apenas procurando alguém interessante para conversar; talvez, como você, eles também queiram uma saída do isolamento ou da estagnação social! Você é o único responsável por expandir seus horizontes – ninguém mais os empurrará para fora por você.

Participe de comunidades online – podem ser virtuais, mas sei por experiência própria que podem levar a amizades no mundo real. Por exemplo, conheci muitos amigos do mundo real através do Facebook e de outras comunidades online; às vezes, compartilhar seus pensamentos por escrito torna a comunicação mais fácil do que verbalmente; isso poderia ajudar a promover conexões duradouras que duram além de uma reunião inicial! Além disso, você pode analisar o estilo de escrita de um novo amigo em potencial antes de conhecê-lo!

Tomar a iniciativa
Não há necessidade de esperar que as pessoas se aproximem de você; afinal, eles podem ser tão reservados quanto você. Ninguém nasce conhecendo ninguém, exceto a família; mesmo assim, conhecer pessoas muitas vezes pode ser um sucesso ou um fracasso. Simplesmente aborde as pessoas usando perguntas simples como "como vai você" e "de onde você é". Estar aberto com as pessoas ao seu redor fará uma diferença incrível na rapidez com que as pessoas se abrirão com você!

Lembre-se de que você está tentando quebrar o gelo entre você e um estranho, por isso não fale demais. Seja amigável, mas não intrusivo, e não fique frustrado se os outros não responderem imediatamente - coloque-se no lugar deles sempre que possível.
Utilize as lições deste livro para avaliar sua situação e enfrentá-las nesse ponto. Seja gentil ao julgar os outros - todo mundo julga todo mundo em algum momento! Reserve um tempo para compromissos entre indivíduos, onde ambos os participantes esperam por revelação mútua.

Rejeite qualquer tentação de julgar.

Ninguém é perfeito – e isso inclui você. A natureza humana nos leva a avaliar as pessoas com bastante severidade antes de conhecê-las, o que decorre do nosso instinto de sobrevivência e nos diz para evitarmos aqueles que possam nos causar perigo. Mas as pessoas modernas têm ferramentas mais eficazes à sua disposição, incluindo competências linguísticas não-verbais que lhes permitem identificar pessoas que não correspondem ao que desejam num companheiro.

Permanecer aberto àqueles que encontramos é a porta de entrada para amizades mais profundas, pois nos ajuda a aceitar melhor os estilos, a aparência ou as atitudes dos outros. Não rejeitar as pessoas por causa de pequenas peculiaridades é fundamental para aceitarmos melhor quem pode entrar em nosso círculo - esse é o segredo! Às vezes, a pessoa mais improvável se torna nosso amigo mais verdadeiro com o tempo. Todos buscam amizade, mas devem se perguntar constantemente se atendemos aos nossos próprios critérios antes de selecionar amigos com quem passar a vida. Como afirmei repetidamente ao longo deste livro, conhecer a si mesmo é fundamental para conhecer os outros – não deixe de enfrentar seus próprios desafios antes de descartar amigos em potencial por causa dos deles!

Os humanos são seres emocionais com pouca consideração pela lógica ou racionalidade, o que os leva a tomar decisões mais baseadas nas emoções do que nas faculdades lógicas e de raciocínio. Isso se reflete nas reportagens da mídia; muitas vezes retratando ou relatando incidentes com preconceito emocional que poderiam provocar respostas semelhantes do público quando transmitidos a eles.

Um elemento importante para compreender como as pessoas respondem à persuasão está nas emoções. As emoções fornecem energia abundante que nos permite realizar qualquer tarefa; até a venda é determinada por estímulos emocionais gerados durante as apresentações; não importa quão lógico você possa apresentar as coisas; em última análise, o cliente em potencial deve comprar seu produto devido às respostas desencadeadas durante essas negociações.

Por outro lado, a lógica depende de factos e números; essa é a razão e o raciocínio por trás de qualquer questão em questão. Infelizmente para os vendedores que confiam apenas na lógica ao vender produtos e serviços; se sua filosofia depender mais das emoções, as vendas serão mais rápidas e bem-sucedidas.

Você acredita que os humanos são seres racionais? Com base em que ditames lógicos se formam as decisões e as opiniões? Os humanos reagem de maneira diferente dependendo dos fatos apresentados constantemente? Todas essas são questões essenciais para uma pessoa questionadora, a fim de obter uma visão de como as emoções e a lógica interagem, influenciando positivamente outros seres humanos. Sua capacidade de fornecer informações lógicas emocionalmente provocará mais respostas em seu público do que simplesmente transmitir fatos e lógica sem ressonância emocional, o que inevitavelmente resulta em nenhuma resposta positiva dos ouvintes. A razão convence os homens, enquanto a emoção motiva alguém a tomar medidas decisivas que produzem grandes resultados.

Vejamos algumas maneiras pelas quais você pode influenciar outras pessoas por meio de uma combinação de emoções e lógica, como:

Estabeleça uma identidade comum com outras pessoas

Um método de controlar as pessoas é construir relacionamento e encontrar pontos em comum com elas, tanto quanto possível. Uma expressão popular diz: "São necessárias duas pessoas para se emaranhar", portanto, para influenciar alguém, ambas as partes envolvidas devem compartilhar objetivos, experiências e ideias semelhantes –

dessa forma fica muito mais fácil. Os pontos comuns em parcerias ou relacionamentos tendem a ser mais fáceis quando as pessoas partilham identidades semelhantes, em vez de as culturas serem uma camada adicional. Quando criamos semelhanças de caráter, nos tornamos unidos por meio de metas e objetivos compartilhados, do apoio emocional mútuo, da lógica de crenças compartilhadas, da visão coletiva compartilhada, da missão que se torna realidade.

Explorando profundamente o sistema de crenças do seu parceiro

Não se pode ter um relacionamento profundo ou mutuamente satisfatório com alguém que não compreendemos totalmente em termos de traços de personalidade e outras tendências psicológicas necessárias. Ao estudar profundamente seu sistema de crenças, entretanto, você poderá compreendê-los melhor e influenciá-los gradualmente em seu benefício.

Procurando maneiras de reconhecer seus preconceitos

Influenciar alguém com crenças diferentes costuma ser difícil, não importa a qualidade da sua lógica. Em vez disso, procure estratégias eficazes para apelar aos seus preconceitos, jogando a carta do preconceito de forma eficaz. Como você pode fazer isso? Envolvendo-o diretamente sobre esses assuntos.
Atrair alguém exige descobrir suas ideias e pontos preferidos e depois apresentá-los. Com essa abordagem, seu alvo se sentirá relaxado perto de você e provavelmente terá acesso à vida privada dele.

Evitando lutar ou fugir em suas discussões

Influenciar as pessoas usando a lógica e a emoção funciona melhor quando as reuniões e discussões são conduzidas sem ocorrências de comportamento de luta ou fuga, como conflitos e mal-entendidos nos relacionamentos que levam a fugas ou brigas. Nesses momentos, a racionalidade é mal interpretada, os objectivos não são alcançados e os argumentos não conseguem progredir numa atmosfera de luta ou fuga.

O objetivo de um manipulador especialista é formar um relacionamento prejudicial a longo prazo com seu alvo e manter controle total sobre ele, o que beneficiará apenas a si mesmo. Uma parceria eficaz requer apoio igual entre os seus participantes. Se um dos parceiros sempre parece oferecer mais, isso pode ser um sinal revelador de que seu cônjuge pode não estar sendo honesto sobre suas intenções no relacionamento. A manipulação psicológica ocorre quando uma das partes tenta criar um desequilíbrio de poder com o objetivo de tirar vantagem de outra pessoa. A manipulação pode manifestar-se de várias maneiras, mas um elemento comum entre todas é que um indivíduo, o manipulador, será beneficiado enquanto outro indivíduo – normalmente conhecido como a vítima – não pode ser prejudicado. Alguns indivíduos se envolvem em relacionamentos sem perceber que entraram em relacionamentos tóxicos. À primeira vista, a parceria deles pode parecer inofensiva, sem qualquer indicação de que estresse e complicações posteriores os aguardam ao lidar com o manipulador. Métodos de coerção como este permitem que os manipuladores alcancem e assumam o controle de seu alvo sem conhecê-lo pessoalmente. Naturalmente, os relacionamentos não começariam com drama ou táticas de drenagem de autonomia de um manipulador; ao começar, seu objetivo os veria seguir em outra direção; com o tempo, esse tipo de abordagem pode se tornar eficaz à medida que o tempo passa.

Os comportamentos iniciais de busca de atenção provavelmente não lhes causarão problemas; no entanto, quando o seu objectivo se torna profundamente pessoal e importante para ambos, isso pode representar alguns obstáculos ao progresso. Neste ponto, o manipulador começa a alterar estratégias. Esta mudança não ocorrerá da noite para o dia, mas poderá levar várias semanas para que os seus objetivos sejam alcançados a tempo. Nesta fase, o seu foco pode ter-se tornado tão concentrado na manutenção e fortalecimento do casamento que quaisquer problemas ou abusos são ignorados mais facilmente do que antes.

Evidentemente, existem certos indicadores que apontam para alguém ser um manipulador no seu relacionamento. É aconselhável verificar estes sinais se você suspeitar que alguém em seu casamento pode ser venenoso e causar problemas ou ser potencialmente usado por forças externas como influenciador ou manipulador:

Os manipuladores irão encorajá-lo a sair da sua zona de conforto de várias maneiras, com a pressão social, a força física e a manipulação psicológica, todas usadas como armas para desviar os interesses daquilo que deveriam perseguir. Eles se tornam quem está no controle e garantem que seus interesses se desviem dos interesses uns dos outros. Eles se tornam aqueles que têm poder sobre você ao longo desta jornada.

Assim que sua confiança começa a diminuir, a manipulação se torna mais fácil para quem tenta tirar vantagem de você. Nossa confiança é rapidamente retirada de nós, à medida que os manipuladores rapidamente tiram vantagem dela, fazendo-nos sentir menos que ótimos e fazendo uso de nossas fraquezas para ganho pessoal.

Tratamento secreto. Nesta técnica, alguém pega qualquer pequeno desrespeito de seu manipulador e o amplia para criar uma situação desagradável para si e ameaçar seu objetivo. Utilizamos tratamento silencioso, fornecendo alertas por e-mail, notificações de correio de voz, mensagens de texto e e-mails até que finalmente finalizamos quando necessário. Conseguir manter tudo sob controle e saber quando o tratamento do silêncio terminou só pode trazer mais problemas para si e para todos os envolvidos.

Jornada do Remorso. Ninguém gosta de se sentir responsável, por isso, quando sentimos culpa, tentamos ao máximo aliviá-la o mais rápido possível. Um manipulador sabe disso muito bem e usará todas as desculpas que encontrar para explicar suas ações.
Os casamentos prejudiciais muitas vezes ficam atolados em conflitos não resolvidos que permanecem sem solução por várias razões, sem qualquer contacto entre os parceiros e sem intenção do manipulador de resolver os conflitos intencionalmente. Se esta for a sua situação, provavelmente seria mais fácil e melhor se você fingisse pensar que o diálogo começou ou terminou, em vez de trabalhar em colaboração para resolver esse problema.

Agora podemos compreender que esta abordagem ao casamento não é ideal. Ninguém quer se sentir preso em um relacionamento em que outro indivíduo sempre parece ter o controle de nossas vidas e toma decisões por nós, em vez de nossas vidas serem gerenciadas de forma independente por nós mesmos. Portanto, sem aproveitarmos ao máximo, devemos encontrar alguém que apoie esta estratégia sem que tiremos vantagem de nós mesmos. No entanto, antes de avançarmos demasiado rapidamente, devemos primeiro responder a algumas questões-chave para determinar se o nosso cônjuge pode realmente ser manipulador. Assim que lermos este guia, você terá uma ideia melhor se sua amizade é coercitiva ou não. Algumas medidas que você pode tomar para se proteger são reconhecer seus direitos caso ocorra uma dessas parcerias. Como as amizades podem se desenvolver com o tempo, pode ser um desafio lembrar como se defender quando suas necessidades forem ignoradas por um manipulador. Nunca se deve esquecer que os seus direitos fundamentais devem ser sempre defendidos e sempre respeitados. Existem várias liberdades à sua disposição, como respeitar os outros, expressar livremente opiniões e desejos, estabelecer objetivos pessoais sem ser influenciado por outrem e dizer não aos outros. Além disso, ter opiniões diferentes das de alguém pode garantir segurança psicológica, mental e emocional e permite viver uma vida plena independente de outro indivíduo, se desejado.

Esses privilégios podem ser tirados de você no longo prazo por manipuladores. Ao manter verificações que proporcionam uma tomada de decisão eficaz e agir de acordo com o que elas declaram, esses benefícios ajudam a manter as verificações. Mas antes de entrar novamente em qualquer situação, lembre-se de pensar no futuro. Quando confrontado por um, seja observador. Leve seu próprio conselho a sério ao falar contra uma figura de autoridade que deseja que você aja contra a vontade dela. Recupere suas liberdades, respire fundo ao conversar com um amigo manipulador e tente. Só você é o mestre da sua vida; então fique longe. Ficar longe é fundamental ao lidar com amigos manipuladores - faça o que for preciso para ficar longe! Mantê-los à distância costuma ser a melhor prática. Se for tarde demais, pelo menos tente criar algum espaço entre vocês dois. Dar-lhes outra oportunidade de aprender sobre você, avaliar suas vulnerabilidades e elaborar planos para explorar quaisquer encontros futuros com alguém desonesto é apenas dar-lhes mais chances de tirar vantagem de você e explorar seus planos futuros. Ficar longe de indivíduos desonestos é a primeira e única defesa eficaz. Quando você sentir um incentivo para mudar, siga o caminho oposto. Observe que os manipuladores tentam fazer você se sentir mal, na tentativa de ajudar a reuni-lo e usá-lo novamente em benefício deles. Seria do seu interesse ficar longe dessas pessoas; não caia na armadilha deles, sentindo pena de si mesmo ou apoiando a causa deles.

Um aspecto adicional do comportamento dos manipuladores é a exploração de suas vulnerabilidades. Uma vez que eles conhecem suas vulnerabilidades, ele ou ela pode explorá-las totalmente contra você - fazendo com que você se sinta inadequado, muitas vezes punindo-se pela confusão causada por elas, tornando mais fácil culpar-se e muitas vezes punindo-se constantemente à medida que a punição deles aumenta. Eles sabem que isso lhes permitirá manter o controle pelo maior tempo possível, mudando continuamente as metas para que você nunca atinja os padrões definidos - criando uma confusão indesculpável que lhes permite continuar alcançando os destinos pretendidos.

Não permita que esta manipulação continue. Procuramos usá-lo e culpá-lo por quaisquer deficiências que possam existir, para que você continue se sentindo mal e busque a validação deles para se sentir melhor. Cuidado com as afirmações do manipulador de que toda essa culpa é somente sua – nada disso é verdadeiramente sua responsabilidade; tudo é feito simplesmente para fazer você se sentir pior. Aumentar a probabilidade de a empresa e seus privilégios serem concedidos, saber por que e aprender a dizer não diminuirá o controle do manipulador sobre você. Saber porquê, sim e aprender a dizer não são direitos fundamentais que discutimos anteriormente, mas muitos não conseguem expressá-los todos os dias. Saber quando chegará a sua hora significa mais controle para todos os envolvidos! Saber quando é a sua vez requer algum aprendizado se você quiser evitar fazer parte do esquema de manipulação deles. Saber por que sim significa sim, mas aprenda a dizer não se necessário. O objetivo dos manipuladores de parceria é sempre dizer sim, apesar das informações e estratégias que usam sobre você, se isso os deixar confortáveis em dizer sim quando as coisas não precisam ser expressas - a compreensão deste direito fundamental deve ser ampliada, uma vez que este direito fundamental pode ser negligenciado em muitas frentes ao falar up não recebe consideração suficiente ou é praticado todos os dias, seja por meio de técnicas de manipulação ou por outra falha em comunicá-lo totalmente diariamente, quando necessário.

Se tememos ferir os sentimentos de alguém e tememos que sua atitude possa mudar se recusarmos assistência, dizer sim muitas vezes pode nos deixar chorando – é preciso muita coragem para dizer sim a outra pessoa! Infelizmente, isso acontece quase regularmente. Imagine lidar com um manipulador. Saber como se afirmar contra eles pode ser um desafio no início, mas saber como falar efetivamente contra sua manipulação lhe devolverá o poder sobre sua situação. Nem todo mundo vai gostar dessa decisão e você deverá lutar para manter sua independência. Dizer "não" sem sentir qualquer arrependimento permitirá um estilo de vida mais livre e saudável em geral; estar em relacionamentos tóxicos nunca deve ser visto como algo positivo. A parceria com manipuladores envolve entrar em um relacionamento que depende da satisfação de suas necessidades, com potenciais perdas para ambas as partes no tempo. Infelizmente, ser treinado para pensar dessa maneira faz com que eles não percebam que estão envolvidos em tais relacionamentos até que seja tarde demais. O primeiro passo para resolver qualquer crise conjugal deve ser aprender a detectar sinais de engano, coerção ou outras dificuldades que possam estar assolando seu relacionamento. Submeter-se ao casamento exige tempo e coragem, especialmente porque o seu objectivo principal tem sido construir confiança e auto-estima em tempos difíceis. Mas quando tudo dá certo e o alvo finalmente realiza seu sonho, as recompensas podem ser substanciais.
Aprenda onde você está e fortaleça-o; então você poderá ver que a vida muda sem ter que usar uma fonte externa para fazer isso por eles.
Persuasão Quando as pessoas tentam compreender o que significa "persuasão", as suas respostas muitas vezes variam muito. Enquanto alguns podem voltar os seus pensamentos para anúncios ou comerciais que incentivam os consumidores a patrocinar certos produtos ou serviços em detrimento de outros, outros podem voltar-se para os políticos que tentam mudar a opinião dos eleitores, a fim de ganhar um voto extra nas urnas - ambos os exemplos servem o propósito de persuasão.

Ambas as formas são exemplos válidos, pois estas mensagens tentam mudar a percepção das pessoas sobre os assuntos em discussão.

A persuasão sombria difere da persuasão normal porque suas motivações nem sempre beneficiam aqueles que estão sendo persuadidos; os persuasores normais tentam persuadir para o bem daqueles que estão sendo convencidos, enquanto os persuasores obscuros geralmente buscam motivações lucrativas que nem sempre são benéficas para aqueles que estão sendo persuadidos. Um persuasor obscuro deve obter pleno conhecimento e compreensão de quem deseja influenciar, a fim de identificar o que o motiva de forma mais eficaz antes de se envolver em qualquer comportamento de persuasão ou persuasão dessa pessoa antes de prosseguir com táticas ou táticas de persuasão, se apropriado.

Embora a persuasão sempre tenha ramificações morais, os persuasores obscuros tendem a não se preocupar muito com isso. Embora conscientes deles, o seu foco permanece diretamente no alcance do(s) seu(s) objetivo(s).

A persuasão é um fenômeno psicológico cotidiano. Você pode ser aquele que está persuadindo outra pessoa ou sendo persuadido, sendo a motivação a chave. A persuasão desempenha um papel importante nos meios de comunicação de massa, na política, na publicidade e nas decisões jurídicas - sendo a sua eficácia determinada por vários métodos utilizados para a persuasão que influenciam o seu tema.
A persuasão se destaca como uma forma distinta e essencial de controle mental da lavagem cerebral e da hipnose, ambas exigindo o isolamento do sujeito para alterar suas mentes e identidades; a persuasão não necessita de isolamento como parte de sua metodologia.

Para atingir os objetivos desejados, a manipulação é empregada contra sujeitos individuais; a persuasão também pode ser usada em um indivíduo; no entanto, a manipulação em grande escala poderia potencialmente alterar as crenças e decisões de sociedades inteiras ou mesmo de comunidades.

A persuasão pode ser mais eficaz para mudar mentes do que a manipulação direta, porque tem a capacidade de influenciar vários indivíduos ao mesmo tempo.

Muitas pessoas cometem o erro de acreditar que têm imunidade contra a persuasão porque acreditam que sempre serão capazes de enxergar cada discurso de vendas que surgir em seu caminho e usar a lógica para chegar a uma conclusão apropriada.

As pessoas nem sempre sucumbirão a todos os argumentos apresentados, especcialmente se for usado o uso da lógica. Além disso, a persuasão pode não se firmar se um argumento não se alinhar bem com as crenças de alguém, apesar de quão forte possa parecer o seu proponente.

Mas há pessoas que sabem como usar mensagens persuasivas para persuadir outras pessoas a comprar novos gadgets ou produtos no mercado. A sua persuasão subtil muitas vezes passa despercebida pelo seu alvo, tornando difícil para eles formar opiniões sobre as informações que lhes são fornecidas.

Sempre que a persuasão é mencionada, tendemos a associá-la a associações negativas, como vigaristas ou vendedores, tentando convencê-lo de que mudar sua perspectiva irá beneficiá-los e pressionar até que essa mudança ocorra.

A persuasão pode ser usada tanto para o bem quanto para o mal; a persuasão em vendas e práticas de fraude são dois exemplos, sendo a persuasão usada nos dois sentidos; por exemplo, entre organismos internacionais ou em campanhas de serviço público que utilizam a persuasão como parte de acordos diplomáticos e campanhas por boas causas, sendo exemplos de persuasão obscura utilizada de forma eficaz e com efeitos positivos, respetivamente. Tudo se resume a como esse processo de persuasão é colocado em ação.

Ao tentar mudar a opinião de alguém por meio da persuasão, serão necessárias ferramentas e estratégias para a implementação bem-sucedida de técnicas de persuasão para ter sucesso.

Cada dia que passa apresentará ao seu alvo diferentes formas de persuasão. O objetivo dos fabricantes de alimentos será convencer o seu público-alvo a experimentar as novas receitas ou continuar com as antigas; os estúdios podem anunciar seus filmes de maior sucesso diretamente neles.

Não importa o produto que vendam, seu principal objetivo é aumentar as vendas; daí suas tentativas de persuasão. Embora eles não considerem como isso afetará você diretamente, eles devem usar técnicas sutis de persuasão para não alertar ou incomodar clientes em potencial. Como também pode haver várias marcas tentando persuadi-lo, cada uma deve encontrar sua própria maneira de convencer os espectadores de sua perspectiva.

Devido ao efeito de persuasão de longo alcance, suas técnicas são estudadas há muito tempo, desde a antiguidade. A influência é um ativo inestimável que pode ser aproveitado por qualquer pessoa em muitas circunstâncias e culturas diferentes.

A partir do início do século 20, os estudos formais de técnicas de persuasão começaram a ganhar terreno. Lembre-se de que a persuasão envolve apresentar um argumento que convença o público e fazer com que ele aceite essa mensagem como sua nova maneira de viver suas vidas.
Portanto, há uma imensa necessidade de descobrir técnicas eficazes de persuasão.

Existem três técnicas de persuasão sombria que provaram seu valor ao longo do tempo e iremos discuti-las nesta seção.
Crie uma necessidade
Uma estratégia eficaz para persuadir alguém a mudar o seu ponto de vista ou modo de vida é criar ou capitalizar uma necessidade que já existe para esse indivíduo, de preferência feito de forma a ser atraente e desejável para ele. Se for feita de forma eficaz e adequada, esta tática poderá produzir grande sucesso com o alvo pretendido.

Os persuasores devem abordar o que é mais importante para o seu público-alvo para terem sucesso na persuasão – como realizar sonhos ou aumentar a autoestima – ou fornecer abrigo, amor ou comida.

Esta abordagem funciona sempre bem, pois assume que qualquer sujeito requer algum tipo de ajuda de uma forma ou de outra - por outras palavras, não há ninguém necessitado que não sonhe e aspire a algo na vida - o persuasor simplesmente precisa de encontrar maneiras pelas quais podem ajudar a vítima a realizar esses sonhos com mais rapidez e eficiência.

Os persuasores muitas vezes convencem seu alvo de que fazer certos ajustes em suas crenças ou perspectivas os ajudará a realizar seus sonhos mais rapidamente, aumentando a probabilidade de sucesso.

Exemplo: Um jovem que procura relações íntimas pode prometer a uma mulher que a ajudará a melhorar as suas notas e, finalmente, deixar os seus pais orgulhosos ao tirar um A, mas apenas se ela se tornar sua amiga. Embora esta senhora possa acreditar que este jovem realmente se preocupa com o seu desempenho acadêmico, na realidade ele só pode se preocupar em se aproximar e envolvê-la sexualmente - os estudos sendo apenas uma desculpa para mais encontros sexuais!
Apelo às necessidades sociais
Os persuasores podem usar outra tática de persuasão: identificar as necessidades sociais do seu alvo. Embora esta técnica possa não trazer resultados imediatos, continua a ser um recurso inestimável na sua caixa de ferramentas.

Pessoas com afinidade com multidões e que buscam atenção tendem a gravitar em torno delas naturalmente, buscando aceitação juntando-se a grupos ou tendo itens específicos como símbolos de status que lhes dão a sensação de pertencerem a uma classe superior.

Ao apelar às suas necessidades sociais, muitos comerciais de TV alcançam sucesso ao apelar às decisões de compra dos telespectadores para que eles não "perdam".
Quando os anunciantes conseguem identificar e apelar às necessidades sociais específicas de um público-alvo, isso pode abrir novas áreas de interesse para essa pessoa específica.
Palavras e imagens usadas como sinais carregados

Ao persuadir alguém, as palavras são muito importantes e devem ser escolhidas com cuidado, pois cada uma pode ter impactos diferentes. Pode haver muitas maneiras de dizer a mesma coisa, mas uma abordagem pode ser mais poderosa que outra.

A persuasão exige saber quando e como dizer as palavras certas nos momentos certos; palavras são sempre ferramentas essenciais de comunicação e conhecer as palavras de apelo à ação apropriadas é fundamental para uma persuasão bem-sucedida.

A persuasão sombria é uma das ferramentas mais poderosas da psicologia sombria, mas é frequentemente subestimada e negligenciada. Talvez isso se deva ao fato de a persuasão ser única como tentativa de controle da mente; ao contrário das suas alternativas que forçam a submissão a um alvo relutante sem a sua participação; ao contrário da persuasão, no entanto, as decisões específicas permanecem abertas, com apenas uma interferência limitada delas, sendo por vezes isolada para influenciar os resultados do processo.

A persuasão funciona melhor quando todas as cartas são expostas (embora com intenções ocultas na persuasão sombria) para que seu alvo possa tomar a decisão que melhor atenda aos seus interesses.

Capítulo 9: Lavagem Cerebral

Embora a lavagem cerebral possa referir-se à mudança dos pensamentos e crenças de outras pessoas contra a sua vontade ou sem o seu consentimento, a sua definição real é mais ampla; envolve qualquer tentativa sistemática de coerção e persuasão usada para alterar as atitudes de um indivíduo ou alterar seus comportamentos, a fim de alterar padrões de comportamento e alterar resultados comportamentais.

As tácticas de lavagem cerebral têm sido empregues há muito tempo como parte de programas de doutrinação política para levar as pessoas a mudarem as suas crenças sobre política ou doutrinas religiosas, particularmente dentro de grupos religiosos. Principalmente, a lavagem cerebral funciona substituindo as crenças da vítima por aquelas preferidas pelo seu captor e apropriadas para o ambiente em que existem.

A lavagem cerebral envolve privar um indivíduo de toda liberdade, independência e poder de decisão; perturbar os hábitos e comportamentos diários de uma pessoa de tal forma que exija total obediência à autoridade do seu captor em todos os aspectos. A lavagem cerebral muitas vezes inclui abuso físico, bem como ameaças de ferimentos ou morte, se necessário, ou prisão perpétua antes de incutir novas crenças como um meio aceitável para uma vida iluminada.

As técnicas de lavagem cerebral visam cultivar a confiança infantil entre a vítima e o captor, com as vítimas encorajadas a confessar crimes passados ou a cometer erros absurdos ou triviais por medo de parecerem culpadas antes mesmo que outros tenham tido tempo de sofrer lavagem cerebral. Se outros captores também sofreram lavagem cerebral antes deles, estes indivíduos poderiam ajudar a reforçar este processo, criticando e demonstrando descontentamento com o que a vítima fez ou deixou de fazer na frente de outros membros da sociedade.
Assim que a lavagem cerebral se instala, os captores começam a receber aprovações e recompensas pelos seus atos. ASSISTA ESTE VÍDEO PARA SABER COMO A LAVAGEM CEREBRAL pode fazer parte da psicologia negra

A psicologia negra ocorre quando alguém emprega táticas de lavagem cerebral para influenciar outra pessoa contra sua vontade e manipulá-la ou influenciá-la contra sua vontade. Cada um de nós possui livre arbítrio, o que significa que devemos tomar as nossas próprias decisões, associar-nos livremente e escolher livremente com quem nos associamos; quando esta liberdade é tirada através da força ou coerção, constitui uma psicologia obscura.

Pessoas em relacionamentos abusivos são suscetíveis à lavagem cerebral. Um marido pode proibir a sua esposa de socializar com certos amigos sob o pretexto de que eles serão influências prejudiciais - enquanto ela deve tomar a sua própria decisão sobre este assunto à medida que amadurece. Ou pior, forçar o parceiro a não usar certos tipos de roupas, alegando que não são atraentes, para que possam controlá-los melhor.

Viver com um parceiro abusivo é ao mesmo tempo confuso e exaustivo, muitas vezes tornando a vida mais complicada para todos os envolvidos. Eles irão culpar e manipular você por coisas que nunca foram de sua responsabilidade; para manter a satisfação deles, você pode se afastar da família e dos amigos, mudar a forma como se veste ou suas opiniões políticas; tudo gira em torno deles versus você.

Um relacionamento abusivo ocorre quando um dos parceiros usa táticas de lavagem cerebral para manipular e controlar o parceiro. Como resultado, eles se tornam dependentes deles para decisões simples, como escolher o jantar. Suas vidas giram exclusivamente em torno de fazer o parceiro feliz a qualquer custo; e o que constitui o amor ou como ele deve ser expresso é determinado exclusivamente por eles - que então decidem o que exatamente deve constituir a felicidade às suas custas e vice-versa. O seu agressor é então responsável por definir o amor expresso através deles, bem como qualquer coisa errada na vida da vítima - desde o que precisa de ser melhorado ou mesmo como deve agir em conformidade e o que constitui comportamentos apropriados de acordo com o que o seu parceiro abusivo define o que o amor deve ser expresso e definir tudo sobre a vida daquela vítima de forma semelhante - e o que exatamente o agressor deseja deles em relação ao comportamento de acordo com como a pessoa deve se comportar e quais comportamentos constituiriam a adequação do que exatamente é esse relacionamento.

O abuso ocorre de várias formas; mais frequentemente através de abuso emocional, psicológico e físico. Uma vez ao seu alcance, as vítimas muitas vezes não conseguem escapar.
Um parceiro abusivo logo encontra maneiras de rebaixar seu parceiro com comentários e insultos degradantes, a fim de manter a lavagem cerebral e o abuso. Para a sua própria sobrevivência psicológica, ocasionalmente haverá períodos em que o agressor irá parar e mostrar bondade para com a vítima - criando laços traumáticos que fazem a vítima querer fazer o seu agressor feliz para ser tratada com carinho e bondade em troca.

A lavagem cerebral se enquadra na psicologia sombria, pois sua vítima fica presa em sua própria vida. Um parceiro controlador numa relação pode reter recursos como carros, dinheiro ou comida ao seu parceiro - transformando-o num prisioneiro dentro

de sua casa, induzindo-lhe medo e alterando a forma como percebe o mundo à sua
volta.

As vidas das vítimas de lavagem cerebral são consumidas por pensamentos de agradar
o seu agressor, mesmo sem violência física sendo cometida contra elas. Mesmo sem
que ocorra abuso físico, as suas vidas continuam à sombra da presença do agressor;
como resultado, efeitos psicológicos, como transtornos de ansiedade e depressão,
muitas vezes surgem como sintomas.
Processo de lavagem cerebral em resumo

A lavagem cerebral é uma abordagem sistemática que visa retirar a identidade de uma
pessoa, alterando crenças, atitudes e valores, ao mesmo tempo que altera os processos
de pensamento. Os manipuladores utilizam várias etapas ou estágios como
ferramentas de lavagem cerebral em suas vítimas.

Culpa
Em um relacionamento, os manipuladores escolherão constantemente argumentos em
que suas vítimas apareçam como os malfeitores, fazendo-os sentir-se culpados por
cada desentendimento e levando-os a sentir vergonha de tudo - este é o primeiro
estágio da lavagem cerebral em uma pessoa.

Autotraição
Ser forçado a denunciar a família e os amigos destrói o sentido de si mesmo, ao
mesmo tempo que aumenta os sentimentos de culpa; essas sensações servem para se
libertar do passado e ao mesmo tempo criar espaço para a criação de uma nova
identidade.

Ponto de ruptura
Quando as vítimas de agressões físicas, verbais e psicológicas sentem que se traíram e
se sentem culpadas, podem atingir o ponto de ruptura e entrar em colapso emocional
e psicológico. Chorar incontrolavelmente e sofrer crises de ansiedade podem ser sinais
de que algo se soltou dentro deles; psicologicamente, eles temem estar se perdendo
completamente e vivendo com medo constante de se perderem completamente.

Justamente quando a vítima se sente impotente diante de si mesma, um opressor
oferece gentileza como uma trégua do ataque a quem ela é. Nesses momentos de luz
emergindo onde havia escuridão, as vítimas sentem profunda gratidão para com os
seus agressores - um movimento intencional dos seus agressores antes de começarem
novamente.
Numa altura em que as vítimas estão gratas ao seu agressor por as ajudar a chegar à
segurança, o lado mais duro do seu tratamento muitas vezes parece maior. Eles

podem sentir que devem algo em troca e se sentirem obrigados a retribuir sua
gentileza - muitas vezes confessando seus erros percebidos para aliviar qualquer culpa
que possam sentir.

Canalizando a culpa
Quaisquer sentimentos de culpa e vergonha que a vítima experimente provavelmente
serão complicados por um aumento do ataque à sua identidade, deixando-a incerta
sobre quais ações ou decisões a levaram a acreditar que cometeram e a acreditar que,
em vez disso, devem assumir a responsabilidade. Assim que o agressor percebe que
existe culpa nele, ele a usa para si mesmo, normalmente convencendo a vítima de que
levou uma vida repleta de más decisões e ideologias; sugerindo, em vez disso, que eles
se abram a novas perspectivas para mudar.

Desonra Lógica Uma vítima muitas vezes acredita que a sua culpa reside em ideologias
impostas externamente; professores e ideologias tornam-se alvo de culpa em vez de
verem qualquer manipulação em jogo. As confissões tornam-se uma forma de aliviar a
culpa à medida que o indivíduo descarta mentalmente quaisquer actos praticados sob
estas ideologias "erradas" - distanciando-se assim simbolicamente delas e, ao fazê-lo,
desacreditando completamente estas percepções de ideologia errada.

Progresso e Harmonia
A rejeição de velhas ideologias cria uma oportunidade para o progresso e a harmonia
emergirem, uma vez que aqueles que se opõem a elas devem agora procurar visões
alternativas para substituí-las. Se estes parecerem compatíveis e adequados às suas
necessidades, o processo acelera significativamente - proporcionando paz no seu lugar.
Neste momento a calma prevalece, substituindo qualquer desconforto.
Como punição, os capturados foram subitamente tratados como heróis e indivíduos
de bom coração são aceites como substitutos para substituir ideias pecaminosas na sua
antiga ideologia.

Admissão Final e Renascimento

Assim que encontraram o forte contraste entre a dor passada e a promessa futura
apresentada pela sua nova ideologia, a vítima abandonou completamente qualquer
fidelidade à velha ideologia, revelando quaisquer segredos restantes; naquele
momento, eles assumiram total propriedade de sua nova ideologia.

O renascimento refere-se a este processo e, dependendo da ideologia da pessoa, pode
incluir ritos de passagem que selam completamente a pessoa na sua nova ordem. Estas
podem envolver declarações fortes proferidas em voz alta para aceitação de novas
ideologias e juramento de lealdade a novos líderes.

Lavagem cerebral: explorando seu impacto

A lavagem cerebral, conforme explicado anteriormente, envolve a mudança dos padrões de pensamento, crenças e atitudes de uma pessoa, a fim de controlar seu comportamento e obter controle sobre ela. Esta prática ocorre frequentemente em benefício dos manipuladores, mas pode ter repercussões devastadoras; existem várias formas de impacto que a lavagem cerebral pode ter, como:

A lavagem cerebral tem um impacto devastador na auto-estima da vítima. Eles sentem que não estão à altura e que nada do que fazem é bom o suficiente, levando-os ao caminho do suicídio ou da depressão.

Transtornos de ansiedade - Alguém que sofre lavagem cerebral muitas vezes perde o senso de identidade e fica isolado das pessoas mais próximas. Forçadas a mudar de quem eram anteriormente, as vítimas ficam constantemente ansiosas para não fazer a coisa errada e podem desenvolver transtornos de ansiedade que afetam os comportamentos externos.

Depressão - As vítimas de lavagem cerebral tendem a ficar isoladas dos entes queridos e do mundo em geral, concentrando-se apenas em agradar o seu captor e receber qualquer gentileza que ele ofereça em troca. Sem ninguém com quem conversar e com os sentimentos ignorados por todos ao seu redor, a depressão pode se instalar, prejudicando o relacionamento com outras pessoas.

Falta de autoestima - O abuso e as críticas constantes por parte de seu captor são suficientes para fazer com que a vítima acredite que não tem valor e tenha medo de tomar qualquer decisão porque foi ensinada que é indigna.

Vivendo com medo - Os lavadores cerebrais usam táticas de medo para influenciar suas vítimas, deixando-as com medo de que algo ruim esteja esperando na esquina e que a vida em geral seja insegura e hostil. A vítima vive com a preocupação constante de que cada pessoa possa representar perigo se se aventurar fora, enquanto os captores usam ameaças de consequências contra a vítima se ela não fizer o que é exigido pelo seu captor.
Mudança de Crenças - o objetivo principal do captor é moldar as crenças de suas vítimas de modo a controlar seu comportamento e mantê-las sob seu controle. Não importa se a sua crença era ética; contanto que entrasse em conflito com suas ideologias ou crenças, então não era bom o suficiente.

Dependendo da intenção do seu captor ou agressor, a lavagem cerebral tem impactos diferentes nas vítimas, dependendo da sua aplicação. Portanto, é vital identificar quaisquer técnicas e truques empregados por potenciais infratores para evitar serem vítimas de técnicas de lavagem cerebral usadas por praticantes da Psicologia Negra. Abaixo estão algumas dessas técnicas comumente vistas em sessões de Psicologia Negra.

A lavagem cerebral ocorre quando indivíduos ou grupos usam táticas dissimuladas para influenciar e persuadir outros, contra a sua vontade, a mudarem as suas crenças sem o seu consentimento, muitas vezes utilizando técnicas psicológicas como a psicologia obscura. As técnicas de influência e persuasão usadas contra a sua vontade também são conhecidas como táticas de lavagem cerebral, pois envolvem táticas dissimuladas usadas por um indivíduo ou grupo na tentativa de fazer lavagem cerebral em outro. Embora as pessoas experimentem persuasão todos os dias, quando isso se torna uma mudança forçada sem consentimento, torna-se uma lavagem cerebral e táticas de psicologia obscura começam a ser empregadas contra elas, o que pode incluir qualquer número de táticas empregadas contra suas vítimas por diferentes partes, que incluem:

Isolamento – o passo inicial da lavagem cerebral geralmente envolve isolar a vítima da família e dos amigos. Ao isolá-los completamente da sociedade, o manipulador quer que a sua vítima não tenha ninguém com quem possa conversar sobre as suas tácticas de manipulação; caso contrário, a sua autoridade seria contestada por terceiros, dando ao seu oponente mais informações de várias fontes do que eles próprios.

Ataque de Autoestima – Quando as vítimas estão isoladas, os manipuladores acham mais fácil quebrá-las e reconstruí-las de acordo com seus desejos. Para que a lavagem cerebral ocorra com sucesso, no entanto, as vítimas devem primeiro sentir-se inferiores ao manipulador e isso muitas vezes envolve ridículo, intimidação ou zombaria por parte deste último, o que diminui ainda mais a auto-estima das vítimas que se sentem completamente vulneráveis antes de se tornarem elas próprias vítimas.

Abuso Mental - Os manipuladores muitas vezes empregam tortura psicológica para fazer lavagem cerebral em suas vítimas, como contar mentiras sobre elas na frente de outras pessoas para fazê-las parecer tolas, bem como atormentar ou privar suas vítimas de qualquer espaço pessoal para que se sintam presas por elas. .

Abuso físico - Os manipuladores utilizam vários métodos físicos para subjugar as suas vítimas e influenciá-las, incluindo privá-las de alimentos ou de acesso a fontes de água. Os manipuladores muitas vezes roubam o sono das vítimas, empregando violência contra elas, privando-as de comida e mantendo o quarto frio. Um manipulador também pode empregar formas sutis de lavagem cerebral em suas vítimas; como manter os níveis de ruído elevados, ter luzes piscando constantemente ou alterar deliberadamente a temperatura ambiente.

Música Repetitiva – Segundo estudos, tocar batidas repetitivas pode induzir um estado hipnótico nas pessoas. Um manipulador que entende essa técnica pode usar essa tática contra sua vítima. O ritmo da música pode alterar a consciência até que o seu manipulador possa usar esta tática e falar diretamente ao seu subconsciente - levando assim o seu cérebro a responder imediatamente com novas sugestões, mudando assim o comportamento automaticamente.

O contacto só é permitido com outros indivíduos que sofreram lavagem cerebral - O manipulador só permite que a sua vítima tenha contacto com outras vítimas da sua campanha manipuladora, esperando que a pressão dos pares de outras vítimas convença o seu alvo a submeter-se à sua nova forma de pensar. Sentindo-se solitárias e isoladas, as vítimas tendem a acatar as sugestões dos outros para se sentirem aceites e menos sozinhas.

Nós contra Eles - Quando os manipuladores introduzem uma dinâmica Nós e Eles, parece que estão dando à vítima uma escolha entre eles próprios e os supostos inimigos; tudo na tentativa de obter obediência completa deles. Tendo mostrado os aspectos negativos dos outros, os manipuladores esperam que suas vítimas se selecionem em vez deles, em vez de escolherem os outros em vez de si mesmos.

Love Bombing - Com essa tática, o manipulador aproxima sua vítima, demonstrando afeto físico por meio de toques, troca de pensamentos íntimos, vínculo emocional e demonstração de gentileza - essa tática é usada para mostrar à vítima a validação de que ingressar no grupo foi a decisão certa, apagando qualquer afeição que possam sentir por alguém de fora.

A lavagem cerebral raramente serve a um bem maior. A maioria dos manipuladores emprega tais táticas para obter controle total e total sobre suas vítimas.
A lavagem cerebral pode ser devastadora para as suas vítimas. Eles rapidamente perdem o sentido de si mesmos e vivem para agradar seu captor; coisas simples que consideramos certas, como escolher o que e quando vestir, são tiradas delas; quaisquer decisões que eles possam tomar são tiradas deles - tudo isso para que o manipulador se sinta indigno e grato por ter conquistado seu favor.

O primeiro passo para evitar a lavagem cerebral é tomar consciência das táticas usadas pelos manipuladores e de suas características, de modo a reconhecer quando alguém tenta fazer uma lavagem cerebral em você ou em alguém próximo. A lavagem cerebral é uma forma agressiva de psicologia obscura em que um manipulador usa essas táticas para ganho pessoal, enquanto desconsidera os sentimentos ou o bem-estar de suas vítimas.

Agora que você entende todas as maneiras pelas quais outras pessoas lhe causaram danos, é hora de aproveitar esse conhecimento e usá-lo para o bem. Não importa o que você pensava no passado sobre seu cérebro e suas habilidades, agora você percebe que possui um poder incrível que lhe foi dado no nascimento - capacidades que podem ou não ser prontamente utilizadas. Alguns podem ter dificuldade para entender quem realmente são e seus objetivos na vida, e isso é perfeitamente normal; tentar demais pode limitar nosso pensamento e impedir que novos insights apareçam. Não importa como os outros fizeram você se sentir no passado, as ações deles não definem quem você é hoje. Aprenda lições com sua história e permaneça fiel a quem e de onde você veio. Deixe de lado qualquer dor que você sentiu para poder começar a se curar e seguir em uma direção mais positiva.

Certifique-se de gastar tempo suficiente conhecendo bem as pessoas, sem fazer suposições sobre elas. Quanto mais você entender quem as pessoas realmente são, mais fácil será para você exercer uma influência positiva sobre elas. Mesmo quando se sente perdido e confuso, investigar internamente ou externamente pode revelar verdades mais significativas; fazer suposições ou rotular as pessoas muito rapidamente apenas limitará sua capacidade de crescimento e de compreensão melhor do mundo.

A comunicação será fundamental. Embora possa ser assustador e desafiador, falar a verdade acabará sendo benéfico para encontrar soluções para os problemas de forma mais eficiente.
No final do dia, falar e compartilhar a sua verdade fará com que você se sinta muito melhor – tanto você quanto os outros se beneficiarão ao ouvir o que está em sua mente e em seu coração. Não tente persuadir de outras formas além da comunicação. Não negue nada a quem possa precisar de alguma coisa; manipular os outros dessa maneira não chegará nem perto de alcançar uma mudança duradoura em comparação com conversar sobre as coisas por meio do diálogo e conversar sobre tudo com outra pessoa.

Agora é a hora de fazer bom uso de toda a dor que você sentiu. Tudo o levou até onde você está hoje, os momentos mais sombrios que pareciam intermináveis passaram e todos aqueles momentos em que você não queria nada além de escapar o trouxeram onde você está hoje. Embora você nunca queira repetir essas experiências novamente, aprenda a ser grato por elas, pois sem elas seu futuro provavelmente seria muito diferente e menos benéfico para os outros.

Agora é a hora de fazer o que você provavelmente mais deseja: influenciar os outros! Na sociedade de hoje, a persuasão é fundamental e não conseguir persuadir certos indivíduos pode impedi-lo de realizar as coisas que realmente deseja nesta vida. Portanto, saber quem você deseja convencer é de suma importância - seja convencer seu marido de que você está pronta para ter filhos ou convencer uma equipe de vendas inteira de 100 membros da importância de se esforçar mais para impulsionar as vendas; entendê-los começa por conhecer quem eles são e seu estilo de operação antes de abordá-los diretamente e experimentá-los pessoalmente!

Nesta fase, é essencial primeiro compreender a sua formação: idade, identidade de género e localização são apenas algumas questões a ter em conta ao construir estratégias de persuasão que se ajustem aos seus interesses. Ao responder a essas perguntas com precisão, formar estratégias de persuasão torna-se muito mais simples.

Certas diferenças desempenharão um papel essencial nesta situação. Por exemplo, abordar seu namorado de 18 anos por US$ 20 é consideravelmente diferente de pedir a mesma coisa à sua avó de 80 anos. Para persuadir as pessoas de forma eficaz, é crucial que você compreenda tanto o que as caracteriza genericamente quanto suas características individuais únicas, como aquelas que constituem seus traços de personalidade.

Depois de entender seus interesses e o que os deixa felizes, o próximo passo deve ser avaliar o que incentivaria as vendas, se necessário – como descontos, brindes ou outras recompensas por serem clientes.
Depois de entender o que eles gostam e o que não gostam, a próxima etapa deve ser identificar as coisas que eles não gostam - como longos tempos de devolução após a compra de algo, taxas ocultas ou a impossibilidade de personalizar seus produtos. Uma vez identificado, agir de acordo torna-se simples; sempre que algo os ofende, forneça algo que eles gostem como solução; embora isto pareça óbvio, muitos que tentam influenciar os outros ignorarão este passo.

Por fim, certifique-se de estar atento à forma como os outros se comunicam. Ao compreender essa dinâmica, será muito mais simples garantir que você expresse as coisas da mesma maneira com eles. Sempre ouça o que a outra pessoa está dizendo e forneça-lhe uma plataforma para falar. Preste atenção não apenas nas palavras que eles estão usando, mas também em seus rostos enquanto compartilham informações com você. Se alguém sentir que está a ser ignorado, poderá afastar-se e muito menos ser persuadido a longo prazo - a próxima secção irá explorar mais este assunto e a melhor forma de promover interacções saudáveis na vida.
Compreendendo os fundamentos da comunicação

A comunicação pode ser um desafio para todos nós. À primeira vista, pode parecer fácil - basta abrir a boca e começar a falar - mas muitos se vêem lutando para expressar como estão se sentindo apenas com palavras, mesmo que eles próprios possam vivenciar isso. Mas quanto mais eficaz a comunicação se tornar na vida, mais fácil a vida se tornará e mais felizes serão os resultados resultantes.

Para melhorar suas habilidades de comunicação, lembre-se de que aprimorá-las requer prática. Não existe uma pílula mágica ou uma maneira secreta de melhorar instantaneamente - para melhorar, você deve interagir continuamente com outras pessoas por meio de conversas - seja com baristas em cafeterias ou estranhos em pontos de ônibus, iniciar pequenas conversas é melhor quando começar - não' Porém, para não incomodar outras pessoas, apenas procure maneiras de articular sua voz além de dizer o padrão "como vai você?".

Certifique-se de comunicar efetivamente seus sentimentos a si mesmo. Mesmo quando estamos sozinhos, às vezes nossas emoções ainda não fazem sentido para nós. Se necessário, comece a registrar diariamente suas emoções; quanto mais você conseguir resolvê-los sozinho, anotando as emoções que surgem, mais fácil será gerenciá-las por conta própria e compartilhá-las de maneira eficaz com outras pessoas.

Ao começar a persuadir os outros, tenha cuidado com suas palavras. Não force ninguém a fazer nada nem coloque-o em situações em que ele se sinta impotente para se conter - evite frases como "Você deveria fazer isso". Ninguém gosta que lhe digam o que fazer!
Falar primeiro sobre si mesmo pode parecer contra-intuitivo, mas as pessoas responderão de forma mais positiva recorrendo a exemplos, em vez de ouvirem você ditar diretamente o comportamento delas. Por exemplo, digamos que você queira persuadir seu cônjuge a começar a acordar mais cedo para reduzir o estresse por chegar atrasado todas as manhãs; em vez de dizer algo como "Você deveria acordar mais cedo", você poderia dizer: "Ao começar mais cedo, descobri que ficar menos estressado durante o trajeto matinal e acordar mais cedo diminuiu muito os níveis de estresse para mim e ajudou a reduzir meu estressor matinal antes do trabalho!"

Deixar que os outros acreditem que a sua ideia é deles garantirá maior credibilidade de persuasão; as pessoas gostam de sentir que foram elas mesmas que inventaram, em vez de serem forçadas a aceitar algo contra sua vontade. Permita que eles resolvam isso por conta própria para que possam avaliar suas vantagens e desvantagens - dessa forma, você criará uma persuasão mais eficaz, em vez de forçá-los a algo.

Depois disso, tome cuidado especial tanto com o tom quanto com a linguagem corporal, criando um ambiente onde eles se sintam à vontade quando estiverem perto de você. Mostrar bondade, amor e compaixão permitirá que eles se relacionem melhor com você; não se sinta pressionado a adotar estratégias de comunicação rígidas e duras apenas para que as pessoas façam o que você deseja - em vez disso, tente ser gentil e gentil e elas responderão melhor!

Por fim, certifique-se de tratar com respeito aqueles que você está tentando influenciar. Não faça com que eles se sintam envergonhados ou constrangidos perto de você se disserem algo bobo; em vez disso, edifique-os e eles retribuirão esse tipo de gentileza.
Como converter a manipulação negativa em persuasão positiva

Agora você deve ser um especialista em psicologia de nível básico! Tudo começa em nossa mente e se manifesta de maneira diferente para cada indivíduo. Para realmente alcançar o que você deseja nesta vida, é crucial que você comece a aprender sobre outras pessoas e como seu cérebro funciona; caso contrário, você corre o risco de sofrer danos irreparáveis no devido tempo.

Pegue todas as técnicas de manipulação que você aprendeu no passado e use-as agora para sempre. Aprenda com suas experiências negativas para poder usá-las como aprendizado sobre como não tratar os outros. Para fazer a transição da manipulação negativa para a persuasão positiva, comece por ter boas intenções por trás daquilo que você deseja que os outros concordem - algo mutuamente benéfico entre ambas as partes deve ser o objetivo final de qualquer negociação entre vocês dois. Ouça atentamente ao falar com outras pessoas sobre as suas necessidades, para que possa chegar a um acordo onde ambos possam obter benefícios positivos em troca de ambas as partes envolvidas - desta forma, ambas as partes ganham em termos de benefícios positivos ao mesmo tempo!

Certifique-se de priorizar o atendimento às necessidades dos outros em vez das suas. É claro que cuidar de si mesmo primeiro é importante, mas não ter consciência de como os outros se sentem não será bom para ninguém no longo prazo.

Influenciadores são líderes. Se você tem boas ideias que deseja transmitir a outras pessoas e deseja que elas se beneficiem do que você sabe, é fundamental que você desenvolva e aprimore habilidades de liderança positivas.

Os outros não devem ser vistos apenas como ferramentas suas. Outros podem ajudar, mas você também deve ajudá-los. Um grande líder sabe motivar os outros sem forçar a sua vontade; em outras palavras, fornecer algo benéfico em troca. Embora você possa encontrar alguém disposto a ajudar a alcançar seus sonhos, tenha cuidado, pois isso não terá nenhum custo ou benefício para si ou para você.

Suas crenças também devem fazer parte desta jornada se você deseja alcançar algo significativo na vida. Alinhe-se e centre-os neste sistema e o seu sucesso será certo!

Certifique-se de usar uma linguagem inclusiva ao falar com outras pessoas, usando a linguagem do "nós" e a confiança ao fazê-lo. Eles provavelmente prestarão mais atenção quando incluídos como parte desse processo.

Nesta fase do seu desenvolvimento, o componente principal é ter uma mentalidade construtiva. Limitar nossos pensamentos nos leva a perceber menos potencial na vida, por isso mantenha-se atualizado com estudos relacionados à persuasão, manipulação e psicologia em geral, bem como assine boletins informativos ou revistas sobre o cérebro humano para obter uma visão mais profunda sobre seu funcionamento.

Verifique regularmente sua saúde. Deixar de cuidar de todos os seus aspectos pode comprometer seriamente o funcionamento da sua mente à medida que envelhecemos, por isso agora é o momento de garantir que preparamos as nossas mentes em conformidade. Pratique manter uma perspectiva aberta e ouvir atentamente ao se comunicar com outras pessoas; continue aprendendo porque quanto mais conhecimento você acumular, mais ainda haverá para descobrir.

Nunca use agressão e persuasão também. Embora o medo possa funcionar para levar as pessoas a fazerem o que você deseja temporariamente, o respeito a longo prazo nunca deve ser obtido apenas através de métodos de medo. Mostre sua compaixão e compreenda os outros mais plenamente para que eles ouçam com mais atenção ao compartilhar o que pensam.

Ao analisar outra pessoa, a linguagem corporal é fundamental. Eles são altos ou caem? Observar os olhos, o rosto e os braços de alguém pode revelar muito sobre quem ela realmente é – por exemplo, você pode perceber que alguém que parece confiante pode na verdade estar sofrendo de ansiedade se você começar a prestar atenção. Você também pode descobrir que alguém em quem você confia estava mentindo para você!

Descobrir o que distingue alguém dos outros e entender por que eles agem de determinada maneira pode ser complicado, mas você eventualmente começará a entender melhor por que alguém se comporta dessa maneira. Embora nunca duas pessoas sejam totalmente compreendidas, você pode pelo menos começar a entender por que algumas agem daquela maneira.

Depois que você conseguir analisar alguém com sucesso, o próximo passo deverá ser convencê-lo de seus pontos de vista ou demandas. A persuasão é fundamental ao tentar conseguir o que deseja da vida ou pelo menos merece dos outros; tal como discutimos no livro um, a leitura não fará nada sem que sejam tomadas medidas - embora tornar-se consciente de si mesmo possa ser assustador no início, este passo é essencial para se tornar consciente dos outros ao seu redor e tornar-se comunicador eficaz.

As pessoas muitas vezes seguem os outros cegamente, sem nunca se aprofundarem em si mesmas, desafiarem seus pensamentos e fazerem um esforço honesto para fazer isso. Embora isto possa ser um desafio à primeira vista, é crucial que exploremos a nossa psique para vivermos uma vida mais feliz e saudável.

Lembre-se de que ainda é saudável e normal permitir que outros o influenciem! Pense em todos os grandes líderes ao redor do mundo que podem ter inspirado outros, inspirando paixão e motivação positivas naqueles que lideram - muitos fizeram exatamente isso pensando em você!
Ninguém é culpado se sucumbir à influência de outros; o que fará a diferença agora é se essa influência vem na forma de inspiração positiva e edificante, em vez de manipulação de alguém que procura prejudicá-lo.

Ao navegar pela vida, tenha isso em mente como objetivo principal: sempre use seu cérebro para o bem! Embora às vezes isso possa ser desafiador, fazê-lo é sempre a melhor solução. Mesmo quando manipulado facilmente por outra pessoa, não aproveite essas oportunidades para manipular alguém. Embora isso possa parecer culpa deles por não estarem mais conscientes, nunca presuma isso; alguns indivíduos experimentaram coisas que tornaram mais desafiador se libertar de velhos padrões e encontrar soluções mais saudáveis para lidar com emoções e pensamentos.

Sempre ajude os outros, não os prejudique. Mesmo aqueles que podem ter ofendido você no passado não deveriam se tornar alvos de sua raiva; use sua inteligência para o bem, ajudando a tornar o mundo um lugar melhor com influência saudável, e você logo descobrirá que tudo o que sempre desejou surgirá em seu caminho.

Todos Alcançam o Sucesso Começam com o Cérebro

Um analisador ou leitor individual pode decifrar rapidamente a personalidade de um indivíduo por meio de vários atributos, incluindo o que ele ou ela faz em seu tempo livre. Por exemplo, participar em iniciativas comunitárias, atividades de voluntariado e contribuir para iniciativas da igreja pode revelar que são filantrópicos. Por outro lado, festejar sem parar ou assistir televisão pode indicar baixa ambição e gratificação instantânea; mesmo hábitos aparentemente triviais revelam muito sobre quem as pessoas realmente são.

Como a psicologia afeta nossas vidas

Os psicólogos discordam sobre se o nosso comportamento é determinado exclusivamente pela genética ou pela hereditariedade; outros consideram que as nossas experiências desde o nascimento são contribuintes fundamentais. Outros acreditam que o nosso ambiente ou experiências imediatas moldam o nosso comportamento - por exemplo, se alguém sofre abusos constantes, o seu comportamento pode mudar como resultado. Por exemplo, se uma pessoa sofre constantemente abusos, então os seus comportamentos podem mudar em conformidade;

À medida que crescem e experimentam a marginalização e o racismo devido à sua classe ou raça, podem passar a desprezar as pessoas mais ricas ou raças aparentemente superiores, ao mesmo tempo que simpatizam com os oprimidos.

Da mesma forma, as crianças que sofrem bullying, abuso ou vitimização persistentes quando crianças podem crescer e tornar-se elas próprias agressoras. A sua perspectiva, valores, personalidade e atitude terão provavelmente sido formados por experiências precoces de violência e abuso na infância.

Você já conheceu pessoas que parecem decididas a ler sua personalidade por meio dos signos do zodíaco ou da astrologia? Isso não é indicativo de baixa autoconsciência e compreensão? Por exemplo, as pessoas tendem a gravitar em torno de coisas que lhes faltam; alguém privado de atenção parental adequada na primeira infância ou adolescência pode tornar-se alguém que gosta de drama e de estratégias de procura de atenção na idade adulta, tornando-se talvez cada vez mais dramático e vistoso ao longo do tempo.

Os analisadores de pessoas devem permanecer atentos a pistas sutis que possam revelar quem a pessoa realmente é. Existem muitos sinais ao nosso redor; tudo que você precisa fazer como analista é ficar de olho.

nós

Nossa mente pode ser dividida em três camadas distintas – mente consciente, mente subconsciente e mente inconsciente. Enquanto a percepção consciente abrange pensamentos, ações, aprendizados e experiências apenas da percepção consciente, as mentes subconsciente e inconsciente são domínios dentro da mente que podem conter informações que não percebemos que estão presentes; através da percepção da mente consciente, ganhamos consciência de todas as percepções, sentimentos, conceitos ou ideias reunidos em nosso ambiente imediato que, de outra forma, poderiam permanecer invisíveis ou desconhecidos para nós.

No entanto, quando se trata de nossas mentes subconsciente e inconsciente, normalmente temos uma consciência muito limitada de todos os seus pensamentos, ideias, conceitos e informações ali armazenadas. Nossa mente consciente mostra apenas parte de sua complexidade; existem múltiplas camadas abaixo de sua superfície que afetam nossa personalidade e comportamento sem que percebamos.

Comece por você mesmo se quiser se tornar um analista de pessoas eficaz. Avalie o quanto você sabe ou quão bem você entende a si mesmo ou a sua própria personalidade ou padrões de comportamento, incluindo quaisquer gatilhos que impulsionam seus comportamentos - que crenças, medos, motivadores ou valores podem estar impulsionando tal comportamento?

Depois de compreender a si mesmo e as várias personalidades e comportamentos, comece a explorar os de amigos próximos e familiares. Após a conclusão desta etapa, tente entender estranhos, como aqueles que você vê enquanto espera em clínicas médicas ou aeroportos, bem como pessoas que você conhece pela primeira vez em festas ou durante interações cotidianas - continue praticando essa habilidade até que ela surja naturalmente e possa ler pessoas de forma rápida e eficaz como um especialista!

Emoções e comportamento humano

As emoções são experiências fugazes que temos como parte da atividade mental. Embora as emoções possam parecer racionais ou lógicas no início, às vezes as nossas reações permanecem emocionais, apesar das evidências contra o amigo que está sendo ameaçado ou acusado. Por exemplo, mesmo quando apresentadas provas de irregularidades da sua parte.
Mesmo quando alguém nos trai pelas costas, permanecemos leais e confiamos mais nele.

Como humanos, tendemos a agir por impulso e não por raciocínio. O comportamento das pessoas é fortemente influenciado pelas emoções. Compreendê-los nos dá o poder de compreender e prever suas ações, traços de personalidade e padrões de comportamento. Teorias Psicológicas

O Condicionamento Clássico é uma teoria psicológica amplamente difundida na qual os indivíduos aprendem associando certos comportamentos a recompensas ou reforçadores, como guloseimas. O mesmo princípio é frequentemente empregado ao treinar animais - por exemplo, ao recompensar seu cão com guloseimas toda vez que ele recupera uma bola! Inevitavelmente, a busca ficará associada a guloseimas para seu animal de estimação; eventualmente, ele aprende que é necessário ir buscar se ele quiser uma guloseima!

O condicionamento clássico desempenha um papel importante em nossas vidas como humanos. Desde o nascimento, associamos o choro a sermos alimentados e mantidos limpos; estudar consistentemente para obter boas notas na escola. O condicionamento clássico influencia todos os aspectos da vida - os bebês aprendem que chorar significa que serão alimentados ou limpos; os alunos descobrem que estudar diligentemente resulta em boas notas. Portanto, o condicionamento clássico permanece influente ao longo da vida: como indivíduos, aprendemos como responder a certos estímulos de certas maneiras – constituindo um dos principais determinantes quando se trata de análise do comportamento.

Comportamento Humano e Fisiologia.

Estudos mostram que as pessoas apresentam reações físicas específicas a estímulos que podem ser usados como indicadores quando se trata de analisá-los. Os psicólogos criminais normalmente utilizam este princípio para compreender a psicologia criminal e o que motiva os criminosos a cometer crimes; com tecnologia biométrica, os investigadores tentam verificar se os pensamentos suspeitos estão alinhados com as ações.

As técnicas psicológicas e fisiológicas combinadas são ferramentas poderosas para descobrir as motivações do comportamento humano. Nossos corpos apresentam reações fisiológicas específicas quando alguém engana ou mente, como pupilas dilatadas, transpiração ou outros indicadores de que pode estar enganando ou mentindo.

A frequência cardíaca aumenta, as palpitações aumentam, a sudorese aumenta e os espasmos dos dedos dos pés ocorrem com mais frequência quando se sente ameaçado ou desconfortável. Analisar pessoas usando pistas fisiológicas ou não-verbais pode fornecer uma análise mais precisa; no entanto, como acontece com todas as formas de análise, ela nunca poderá ser 100% confiável.

No entanto, nem todas as formas de comunicação têm a capacidade de persuadir as pessoas, pois algumas podem servir simplesmente para entreter ou fornecer informações. A persuasão também pode ser usada como um meio desagradável para manipular os outros; tentar persuadir os outros pode até ser considerado um comportamento repulsivo. A persuasão deve ser diferenciada da comunicação, pois sua causa dá origem a mudanças nas mudanças comportamentais como efeito ou resposta.

Aqui, exploraremos os estágios pelos quais uma pessoa passa ao ser persuadida. A primeira é a comunicação em que o receptor presta atenção ao conteúdo fornecido. Ele ou ela tentará então compreender todos os aspectos da comunicação como um todo, inclusive tentando compreender o que o orador está tentando transmitir. Isto inclui compreender quais conclusões o orador está propondo, bem como quaisquer evidências que possam apoiar esta conclusão. A persuasão ocorre quando um indivíduo aceita ou concorda com o que está sendo fornecido e mantém esse interesse por tempo suficiente para agir de acordo com ele. O objetivo principal da persuasão é que um indivíduo ou grupo de pessoas adote novas atitudes, como mudar de marca de cereal devido a novas informações apresentadas ou alterar crenças religiosas.
Teorias do Condicionamento O condicionamento é um dos principais conceitos de persuasão. O condicionamento procura convencer alguém de algo por conta própria, em vez de dar instruções diretas, como obediência.

O condicionamento é amplamente empregado pelos anunciantes em publicidade para gerar associações positivas entre sua marca ou logotipo e emoções positivas. As empresas recorrem a comerciais que incentivam o espectador a rir, a se sentir sentimental ou a usar músicas e imagens alegres; assim que esses comerciais terminam, eles revelam o logotipo da marca na esperança de que essas emoções se conectem ao seu produto ou serviço.
Teoria da Inoculação A teoria da inoculação pode frequentemente ser observada em anúncios comparativos. De acordo com este conceito, um lado tem argumentos fracos que podem reduzir a sua credibilidade e, assim, fazer com que o seu público escolha os argumentos superiores de outro partido.
Narrando a Teoria dos Transportes.

A teoria do transporte narrativo postula que as atitudes das pessoas podem mudar quando elas mergulham nas histórias. Procura demonstrar o poder persuasivo das histórias, explicando quando os indivíduos podem experimentar o transporte narrativo devido ao cumprimento de várias condições prévias; além disso, o transporte narrativo ocorre ao ouvir narrativas que invocam certos sentimentos, como a empatia por seus personagens.

Extraído de: "Como analisar pessoas e linguagem corporal para iniciantes. Obtendo insights sobre os segredos do corpo e do cérebro para obter habilidades de comunicação extraordinárias, mentalidade de PNL."

O FIM